OITA

47 都道府県ご当地文化百科

大分県

丸善出版 編

丸善出版

刊行によせて

「47都道府県百科」シリーズは、2009年から刊行が開始された小百科シリーズである。さまざまな事象、名産、物産、地理の観点から、47都道府県それぞれの地域性をあぶりだし、比較しながら解説することを趣旨とし、2024年現在、既に40冊近くを数える。

本シリーズは主に中学・高校の学校図書館や、各自治体の公共図書館、大学図書館を中心に、郷土資料として愛蔵いただいているようである。本シリーズがそもそもそのように、各地域間を比較できるレファレンスとして計画された、という点からは望ましいと思われるが、長年にわたり、それぞれの都道府県ごとにまとめたものもあれば、自分の住んでいる都道府県について、自宅の本棚におきやすいのに、という要望が編集部に多く寄せられたそうである。

そこで、シリーズ開始から15年を数える2024年、その要望に応え、これまでに刊行した書籍の中から30タイトルを選び、47都道府県ごとに再構成し、手に取りやすい体裁で上梓しよう、というのが本シリーズの趣旨だそうである。

各都道府県ごとにまとめられた本シリーズの目次は、まずそれぞれの都道府県の概要（知っておきたい基礎知識）を解説したうえで、次のように構成される（カギカッコ内は元となった既刊のタイトル）。

Ⅰ　歴史の文化編

「遺跡」「国宝／重要文化財」「城郭」「戦国大名」「名門／名家」「博物館」「名字」

Ⅱ　食の文化編

「米／雑穀」「こなもの」「くだもの」「魚食」「肉食」「地鶏」「汁

物」「伝統調味料」「発酵」「和菓子 / 郷土菓子」「乾物 / 干物」

Ⅲ　営みの文化編

「伝統行事」「寺社信仰」「伝統工芸」「民話」「妖怪伝承」「高校野球」「やきもの」

Ⅳ　風景の文化編

「地名由来」「商店街」「花風景」「公園 / 庭園」「温泉」

土地の過去から始まって、その土地と人によって生み出される食文化に進み、その食を生み出す人の営みに焦点を当て、さらに人の営みの舞台となる風景へと向かっていく、という体系を目論んだ構成になっているようである。

この目次構成は、一つの都道府県の特色理解と、郷土への関心につながる展開になっていることがうかがえる。また、手に取りやすくなった本書は、それぞれの都道府県に旅するにあたって、ガイドブックと共に手元にあって、気になった風景や寺社、歴史に食べ物といったその背景を探るのにも役立つことだろう。

＊　　＊　　＊

さて、そもそも47都道府県、とは何なのだろうか。47都道府県の地域性の比較を行うという本シリーズを再構成し、47都道府県ごとに紹介する以上、この「刊行によせて」でそのことを少し触れておく必要があるだろう。

日本の古くからの地域区分といえば、「五畿七道と六十余州」と呼ばれる、京都を中心に道沿いに区分された8つの地域と、66の「国」ならびに2島に分かつ区分が長年にわたり用いられてきた。律令制の時代に始まる地域区分は、平安時代の国司制度はもちろんのこと、武家政権時代の国ごとの守護制度などにおいて（一部の広すぎる国、例えば陸奥などの例外はあるとはいえ）長らく政治的な区分でもあった。江戸時代以降、政治的区分としては「三百諸侯」とも称される大名家の領地区分が実効的なものとなるが、それでもなお、令制国一国を領すると見なされた大名を「国持」と称するなど、この区分は日本列島の人々の念頭に残り続けた。

それが大きく変化するのは、明治維新からである。まず地方区分は旧来のものにさらに「北海道」が加わり、平安時代以来の陸奥・出羽の広大な範囲が複数の「国」に分割される。政治上では、まずは京・大阪・東京の大都市である「府」、中央政府の管理下にある「県」、各大名家に統治権を返上させたものの当面存続する「藩」に分割された区分は、大名家所領を反映して飛び地が多く、中央集権のもとで中央政府の政策を地方に反映させることを目指した当時としては、極めて使いづらいものになっていた。そこで、まずはこれら藩が少し整理のうえ「県」に移行する。これがいわゆる「廃藩置県」である。これらの統合が順次進められ、時にあまりに統合しすぎて逆に非効率だと慌てつつ、1889年、ようやく1道3府43県という、現在の47の区分が確定。さらに第2次世界大戦中の1943年に東京府が「東京都」になり、これでようやく1都1道2府43県、すなわち「47都道府県」と言える状態になったのである。これが現在からおよそ80年前のことである。また、この間に地方もまとめ直され、京都を中心とみるのではなく複数のブロックで扱うことが多くなった。本シリーズで使っている区分で言えば、北海道・東北・関東・北陸・甲信・東海・近畿・中国・四国・九州及び沖縄の10地方区分だが、これは今も分け方が複数存在している。

だいたいどのような地域区分にも言えることではあるのだが、地域区分は人が引いたものである以上、どこかで恣意的なものにはなる。一応1500年以上はある日本史において、この47都道府県という区分が定着したのはわずか80年前のことに過ぎない。かといって完全に人工的なものかと言われれば、現代の47都道府県の区分の多くが旧六十余州の境目とも微妙に合致して今も旧国名が使われることがあるという点でも、境目に自然地理的な山や川が良く用いられているという点でも、何より我々が出身地としてうっかり「○○県出身」と言ってしまう点を考えても（一部例外はあるともいうが）、それもまた否である。ひとたび生み出された地域区分は、使い続けていればそれなりの実態を持つようになるし、ましてや私たちの生活からそう簡単に逃れることはできないのである。

＊　＊　＊

各都道府県ごとにまとめ直す、ということは、本シリーズにおいては「あえて」という枕詞がつくだろう。47都道府県を横断的に見てきたこれまでの既刊シリーズをいったん分解し、各都道府県ごとにまとめることで、私たちが「郷土性」と認識しているものがどのようにして構築されたのか、どのように認識しているのかを、複数のジャンルを横断することで見えてくるものがきっとあるであろう。もちろん、47都道府県すべての巻を購入して、とある県のあるジャンルと、別の県のあるジャンルを比較し、その類似性や違いを考えていくことも悪くない。あるいは、各巻ごとに精読し、県の中での違いを考えてみることも考えられるだろう。

ともかくも、地域性を考察するということは、地域を再発見することでもある。我々が普段当たり前だと思っている地域性や郷土というものからいったん身を引きはがし、一歩引いて観察し、また戻ってくることでもある。有名な小説風に言えば、「行きて帰りし」である。

本シリーズがそのような地域性を再発見する旅の一助となることを願いたい。

2024年5月吉日

執筆者を代表して
森岡　浩

目　　次

【注】本書は既刊シリーズを再構成して都道府県ごとにまとめたものであるため、記述内容はそれぞれの巻が刊行された年時点での情報となります

大分県

知っておきたい基礎知識

- 面積：6340km²
- 人口：109万人（2024年速報値）
- 県庁所在地：大分市
- 主要都市：別府、中津、佐伯、日田、宇佐、臼杵、豊後大野、津久見、杵築
- 県の植物：ブンゴウメ（木・花）
- 県の動物：メジロ（鳥）
- 該当する令制国：西海道豊後国（県内主要地域、国東半島含む）、豊前国（中津市・宇佐市周辺）
- 該当する領主：府内藩（松平氏）、佐伯藩（毛利氏）、中津藩（小笠原氏、奥平氏など）、岡藩（中川氏）、杵築藩（松平氏など）、臼杵藩（稲葉氏）、日出藩（木下氏）
- 農産品の名産：シイタケ、キク、カボス、ピーマン、牛など
- 水産品の名産：ブリ、ヒラメ、アジ、サバなど
- 製造品出荷額：3兆8463億円（2020年）

●県章

「大分」の「大」の字を、字の形を鳥に、全体としての形を円形にして表した県旗。別に県徽章もある。

●ランキング1位

・地熱発電設備容量　2021年末時点で174000kWである。大分県はキャッチコピーに「おんせん県おおいた」を用いるほど温泉の湧出量が多いことでも知られるが、その背景となっているのが由布岳(ゆふだけ)やくじゅう連山など、隣県熊本県の阿蘇山(あそさん)にかけて続く多数の火山であり、早くから九州電力が地熱エネルギーの開発に手を付けてきた。簡単に言えば地熱の蒸気と熱水で発電機のタービンを回すものであり、九重町(ここのえまち)にある八丁原発電所(はっちょうばるはつでんしょ)が国内最大級の地熱発電所である。

●地　勢

九州地方の北東部、瀬戸内海と豊後水道(ぶんごすいどう)に面した一帯を指す。まとまった平地は大分川・大野川の下流の大分平野、北部の宇佐(うさ)から中津にかけて山国川(やまくにがわ)などが形成した中津平野があるものの、それ以外は比較的山がちであり、内陸の主な都市は、筑後川(ちくごがわ)上流部の日田(ひた)や、大野川上流の竹田(たけた)や豊後大野(ぶんごおおの)などの山間の谷間にある。

山は、くじゅう連山や由布岳などの火山、南部の祖母山(そぼさん)など内陸・沿岸双方にかなり多く、南部では沿岸まで迫っている。北部から中部の火山地帯は有名な湯布院温泉(ゆふいんおんせん)や別府温泉(べっぷおんせん)をはじめとして多数の温泉を育んでいる。南部の山岳地帯はジオパークとしても知られている。

海岸線はかなり出入りが激しい。愛媛県を対岸に臨む南部地域は豊後水道一帯にリアス海岸が続いており、南部の主要都市である佐伯(さいき)や津久見(つくみ)、臼杵(うすき)もこのような入江の奥にあり、特に佐伯は戦前の真珠湾攻撃直前に、海軍の演習が行われたほどの深さであった。この豊後水道の北端、佐賀関(さがのせき)の海峡は古くは「速吸瀬戸(はやすいのせと)」と呼ばれた潮流の早い難所であり、同時に有名な関アジを育んでいることでも知られている。北部でも、豊後と豊前の間に大まかには円形の国東半島(くにさきはんとう)が突き出ており、その突端近くには姫島(ひめしま)が浮かんでいる。大分平野に向かっては別府湾が入り込んでいる。

●主要都市

・大分市　古くは「府内」と呼ばれて豊後国の国府がおかれ、戦国時代に至るまで豊後国(ぶんごのくに)の中心地として栄えてきた県庁所在地。ただし江戸時代には県内は小藩に分かれていたため、現在の都市につながる府内城下町はやや小さく、港町としては近隣にある熊本藩飛び地であった鶴崎の方がにぎわっていた。明治時代の大分県成立により県域レベルでの行政の中心地としての機能を取り戻し、現代においては九州東部地域有数の工業都市としても知られている。

・別府市　「別府八湯」とも呼ばれる多数の温泉地と源泉を有する日本屈指の温泉都市。江戸時代から温泉地としては知られていたものの、近代の急速な発展は、明治時代における大分港に先駆けての別府港の整備、それに伴う大阪航路の誘致などの交通の便の改善が大きい。

・日田市　「天領日田」ともいわれる内陸部の中心地であり、大分沿岸地域から九州西部に抜けるうえでの交通の要衝として古くから栄えた都市。江戸時代には中心部の豆田地区に九州地方の幕府領を管轄する代官所がおかれ、そこへの物資の出入りによってにぎわった。

・佐伯市　南部地域の中心都市であり、番匠川の当時の河口付近に江戸時代初期に築城された佐伯城の城下町に直接の由来を持つ。海産物の名産が江戸時代から「佐伯の殿様浦で持つ」と呼ばれるほどに非常に多く、また現在の市域は平成の大合併によって旧南海部郡をほぼすべて含んでいる。北隣の津久見市も遠洋漁業の拠点として知られている。

・中津市　豊前地域の福岡県との県境近く、山国川の河口近くに位置する北部の中心都市。現在の市街地は江戸時代初頭までに整備された中津城の城下町に由来しており、また市の経済圏は県境をまたぐ。

・宇佐市　豊前地域の南部、宇佐神宮の門前町として栄えた都市。隣接する豊後高田市もまた、宇佐神宮の荘園があったことで知られる。

・臼杵市　古くは戦国時代に、大友氏が丹生島城という新城を構えたことに始まる小都市。江戸時代にはこの城を基にした城下町として発展した。大分市にも近く、その通勤圏になっている。

・竹田市　内陸部の小藩の城下町として栄えた都市。

●主要な国宝

・臼杵磨崖仏　臼杵市の内陸部にある凝灰岩の崖には、平安時代に彫られた大日如来や阿弥陀如来など60体以上もの仏像がその姿を残している。修復によって当時の姿を取り戻した仏像は、国内屈指の優品として知られている。加工しやすい凝灰岩が分布する大野川の流域には、隣接する豊後大野市にかけて国宝に指定されたもの以外にも多数の磨崖仏（崖に彫られた仏）が残されている。

・**宇佐神宮**　奈良時代にまでさかのぼる由緒で知られる宇佐神宮のうち、国宝に指定されているのは江戸時代末期に再建された本殿である。この本殿は前後二つのほぼ同規模の社殿を並べた「八幡造（はちまんづくり）」という様式の代表格とされている。また、宇佐神宮にはもう一つ、「孔雀文磬（くじゃくもんけい）」という国宝に指定された鎌倉時代初期の仏具を保管しているが、これは京都からもたらされたものである。

・**富貴寺大堂（ふきじおおどう）**　国東半島北側の付け根、豊後高田市域にあった宇佐神宮の荘園「田染荘（たしぶのしょう）」は、現代まで棚田の地割や用水などに中世の様を残していることで知られる稀有な荘園である。この荘域にある富貴寺も宇佐神宮の大宮司の氏寺に由来する九州屈指の古寺であり、国宝に指定されている大堂は九州地方では最古の木造建築である。阿弥陀如来をまつる大堂は平安時代後期に広がる浄土信仰（じょうどしんこう）の影響を強く受けており、浄土を表した壁画も色あせてなお当時の様を残している。

●県の木秘話

・**ブンゴウメ**　江戸時代から豊後地域の名物として知られている、バラ科の花木。大きな実をつけ、また白〜桃色の中間位の花を咲かせることから、ウメとアンズが交配してできたものではと推測されている。県内の梅の名所としては、大分市の吉野梅園が有名。

●主な有名観光地

・**耶馬渓（やばけい）**　古くは「山国の谷」とも呼ばれた、山国川上流部の峡谷には多数の奇岩や嶺が立ち並び、秋の紅葉とともに国内を代表する峡谷として知られていた。その名勝の数は実に66にも上るとされる。

・**由布院温泉**　別府から由布岳を挟んで反対側にある高原の小温泉は、府内から日田方面に向かう街道の中途にあたっていたとはいえ、閑散とした温泉地であった。戦後になっての観光の隆盛の中、この温泉はあえて大規模な開発を行わないことを選択。田園の中にたたずむ温泉は、国内屈指のリゾート地としての姿を見せている。

・**別府温泉**　別府八湯といわれる温泉の急速な発展は、明治時代に大阪と別府を結ぶ航路が開通したことによって始まった。背後の由布岳によって湯量も湧出量も多いこの地域には、地獄と呼ばれる異様な景観を持つ源泉群があり、コバルトブルーを呈する「海地獄」、坊主頭のような丸みを帯びた泥とともに噴出する「坊主地獄」などがよく知られている。また、猿の飼育で有名な高崎山も近隣にある。

・杵築の城下町　別府湾に面した中央の谷に商家や町屋が、それを挟む台地に武家屋敷が連なる杵築の町は、小城下町が多い大分県の中でも特に風情がある街として知られている。特に台地と谷を繋ぐ石畳の坂「酢屋の坂」は多数の映画のロケ地にもなっている。このほか、国東半島を挟んで反対側にある豊後高田市も、昭和の風情を残す町として有名である。

・国東半島の磨崖仏　宇佐神宮の影響を近隣地域として強く受けた国東半島の一帯では、もともと古くからあった山岳信仰と仏教、八幡信仰とが結合し、多数の寺々や磨崖仏を有する独特の景観と信仰とを生み出した。これを一般に「六郷満山」といい、近代にいたるまで日本列島における信仰を特徴づけてきた神仏習合の発祥の地であるともいわれている。この地域も臼杵などと同様に凝灰岩が多く、多数の磨崖仏を現代にまで残した。

・豊後岡城　岩山のうえに阿蘇山由来の石を多数積んだ石垣を巡らした岡城は、その規模からも日本最大級の山城の遺構であるが、もう一つ重要な点として、近代音楽の先駆けの一人である瀧廉太郎の名曲「荒城の月」の歌詞のモチーフになったことがよく知られている。

●文　化

・吉四六さん　民話におけるとんち話の代名詞の一つ、吉四六さんは江戸時代の前期、豊後大野郡野津町（現臼杵市）で名字帯刀を許された名家の生まれだった人物をモチーフにしたといわれている。まとまった伝承の広まりは明治時代以降となるため、それ以降に追加されたと思われる物語も多いが、有名なものの一つに、天に昇ると田んぼの中に梯子をかけて村人たちをハラハラさせて土を踏み荒らさせ、まんまと代掻きをやってのけたというものがある。

・瓜生島伝説　別府湾には戦国時代の後期、瓜生島という栄えた港があった島が、地震で一夜にして海中に没したという伝承がある。おそらくは大分川か大野川が河口に形成した砂州だったのではともいわれるこの島の遺構はいまだに発見されていない。しかし、大分市こと豊後府内が当時南蛮貿易の拠点であったことは確かで、また同じく当時貿易が盛んだったという隣接する臼杵市にも、現代になって当時をもとにポルトガルとの文化交流の一環としてアズレージョ（彩色タイル）の装飾を施された蔵がある。
・**日田の祇園祭**　島津氏、黒田氏、細川氏など有力な外様大名が多数配置された九州において、九州一帯の幕府領を管轄する日田の代官（西国郡代）はその監視上きわめて重要な役職であり、町は九州全体にまたがる金融の中心地として、また名産の木材の搬出地としてにぎわった。江戸時代に始まった日田の祇園祭も、京都と経済・文化上の関わりを持ったことによって、曳山やお囃子をはじめとした京都本家の祇園祭のスタイルが取り入れられたという。現在でも中心部の豆田地区は、九州の小京都の異名を持つ。

●食べ物

・**りゅうきゅう**　様々な魚を醤油や胡麻を主体とした調味料に漬け込んで食べる料理。そのままごはんに乗せてどんぶりとすることも多い。語源は「琉球」とも「利休和え」（胡麻和えの一種）とも伝えられている。
・**とり天・中津から揚げ**　中津の名物として知られるから揚げについてその発祥ははっきりしていないが、少なくとも戦後に急速に店が増えたことは確かで、中津の日常生活に根付いたものになっている。大分市・別府市を発祥とするニワトリの揚げ物であるとり天も、起源は二つありはっきりしていないが、これもかなり定着している。このほかにも鶏めしなど、大分県は鶏の郷土料理が多い県である。
・**ごまだしうどん**　南部の佐伯市周辺では、名産として大量にとれる魚を胡麻・醤油・みりんと合わせて簡便な調味料とする「ごまだし」が江戸時代以来使われてきた。これをうどんに乗せてお湯をかけて食べるようになったのがごまだしうどんであり、このほか様々な料理に使われている。佐伯市周辺では「カボスひらめ」（養殖の餌にカボスを入れたもの）をはじめとして漁業が養殖・沿海とも大変盛んである。
・**シイタケ**　文字通り椎の木に育つキノコで、大分ではすでに江戸時代から栽培が始まっていた。とはいえ、木に鉈で切り込みを入れるという手法でも生えないことがあったところ、1940年代にシイタケ菌を埋め込む手法が考案され、現在では大分を代表する産物として安定的に生産されている。また、山の産物としてはカボスも有名である。

●歴　史

•古　代

九州地方の諸地域の中では豊後・豊前の両地域のみが瀬戸内海に面している。当然ながらこのことが背景となって、大分県は九州地方の中では早くから東方の近畿地方や中国地方との接触があったと推定されており、それを裏付けるように、姫島で産出される黒曜石を用いた石器が瀬戸内海西部地域の縄文時代の遺跡で多数発見されている。県内でもっともはやい時代の遺跡としては、別府湾北岸にある8000年前（縄文時代）と推定される早水台遺跡（日出町）があげられる。弥生時代には国東半島の安国寺遺跡や、大分平野や大野川流域などの各所で遺跡が見つかっている。ただ、すでにこの時点で地域性が出始めており、豊前地域は隣接する筑紫（福岡県）地域の影響が、内陸地域は肥後（熊本県）地域の影響も大きいとされる。その後、伝承によれば主には国東半島地域、大分平野地域、日田地域、宇佐地域にそれぞれ豪族がいたものの、最終的に中心地となったのは大分平野地域（ながらく「大きな田」と解されていたが、近年では「大きく刻まれた田」、つまり河岸段丘が多い大分平野の様ととらえられている）であり、690年代に豊前と豊後が最終的に分かれた後には、豊後の国府はここに置かれた。

一方の豊前地域では、宇佐神宮が一つの焦点となる。もともとは地域の神だったと推定されるこの神社は、8世紀初頭に九州南部で起こった隼人の蜂起をきっかけにして近畿地方の朝廷から崇敬されるようになり、その神は伝説上の応神天皇（いたとすれば500年ごろと推定）とみなされるようになった。この信仰が後に全国に八幡信仰として広まっていくことになる。この宇佐神宮と朝廷の関わりとして特に有名な伝説が、769年に時の称徳天皇に宇佐神宮から僧の道鏡に位を譲るべきという託宣が下ったといううわさが流れ、朝廷が使節を派遣し宇佐神宮まで急ぎ確認に行かせたという事件である。また、宇佐神宮は早くに神仏習合し、平安時代にはその影響が強い国東半島に多数の寺院が建てられた。

平安時代にかけては豊前・豊後の両国に多数の荘園が開かれていく。これらの地域では仏教の信仰も盛んで、先述した国東半島の寺院群などに加えて、臼杵の摩崖仏もこの時代に多くが彫られたと推定されている。

●中　世

宇佐八幡宮は治承・寿永の乱（源平合戦）においては主には平家方についたものの、豊後地域の武家の大半が当時有力だった緒方氏をはじめとして反平家でまとまったため（宇佐八幡宮がこの時攻められて炎上した）、九州地方に源氏方が足がかりを築くきっかけとなる。緒方氏の当主がその後源義経に従ったこともあってそちらは衰退し、豊後国は源頼朝が国司推薦の権限、すなわち国衙領（その国の国府が管轄する地域）の税収を受ける権利を有する「関東御分国」の一角となる。そして、その国司に任ぜられたのが、中世を通じて豊後守護職として勢威を持つ大友氏の大友能直であった。

室町時代に入っても大友氏は諸分家間の対立や、南北朝の騒乱に伴う国内豪族、さらに対岸周防の有力大名である大内氏や同じく筑前の少弐氏との対立はあったにせよ、勢力を保った。鎌倉時代の末期にあたる1330年代には、現在の大分市に館を築き、以降の中心地としたとみられている（大友氏居館遺跡、現在の大分市街地中心部のやや南東側）。やがて戦国時代の後期には、大友義鎮（宗麟）を当主として豊前・豊後両国に加え、大内氏勢力の衰退に乗じて筑前や肥前などにも進出し6か国の大名として君臨した。このころの府内や臼杵の繁栄は、南蛮貿易の来航や、宗麟のキリシタン改宗などと合わせて、よく語り伝えられている。

しかし、今度は南の島津家や西の龍造寺家の台頭の中、大友氏は劣勢となり、さらにキリシタン改宗が多くの家臣の離反を招く事態となる。島津氏に追いつめられる中、宗麟は豊臣秀吉に救援を要請し、1587年にすんでのところで大友氏は滅亡を回避し、秀吉は九州を平定した。

しかし、今度はその息子が朝鮮侵攻時に失態を起こし、その結果大友氏は改易処分となる。府内にはその数年後に、より大分川の河口に近い荷揚に築城が行われた。これが現代の大分市のもととなる府内城となる。

●近　世

近世の県域には中小の藩と各藩の飛び地、また幕府領が混ざりあった。豊後では古くからの城を改修・再整備した臼杵や岡、新城が築城された佐伯や先述の府内などに大名が配置され、当然ながら規模が小さいこれらすべての藩が幕末にかけて財政難に悩むことになる。内陸部の日田には交通の要所として幕府の代官所がおかれる。豊前では南部の中津に大名がおかれ、沿岸部での開拓を進めていた。

一方特産品の生産は盛んで、南方から移入されたイグサ生産、佐伯領沿岸部での海産物の産出、日田における杉の生産などはよく知られている。また、断続的に県内では学術において人物を輩出しており、「条理学」として物事の条理の研究に取り組んだ三浦梅園や、その系統から結果的に西洋科学の導入にも取り組むことになる帆足万里、また日田で広く門人を集めた広瀬淡窓が有名である。

●近　代

小藩が多い豊後・豊前南部の諸藩は幕末の政局に大きく関わることはなかったが、中津藩の武家に生まれた福澤諭吉は、慶應義塾の創設者として、また明治時代における民間への啓蒙の担い手の一人として知られている。中津藩は洋学が盛んな藩として当時から知られていた。

その後、廃藩置県において諸藩が県となったのち、1871年中に豊後地域は府内から改称して大分に県庁を置く大分県に、豊前地域は小倉（現福岡県）に県庁を置く小倉県に統合されるも、1876年の小倉県解体に伴い中津・宇佐地域が大分県に編入され、これをもって現在の県域が確定した。

これ以降の大分県は、九州地方東部の拠点の一つとしての歴史を歩む。陸上交通路は九州地方の諸県からはやや不便とはいえ、内航海運において大阪～別府間の航路が早くから就航したことをきっかけとして、大分市周辺地域は県域全体としての中心地域としての機能を取り戻し、各地から大分へと向かう鉄道も整備されていった。多数の小藩が分立した歴史は、県域の各地に小城下町をはじめとした特色ある景観や産業ももたらし、現代においては各市町村ごとにカボスやアジといった特産品を育成し、各地の文化・経済的振興を図った一村一品運動などによっても地域性を特に重視する県として知られている。また、大分市周辺の臨海工業地帯が開発され、別府・湯布院などは温泉地としての観光も盛んである。

【参考文献】
・豊田寛三ほか『大分県の歴史』山川出版社、2011

I

歴史の文化編

遺　跡

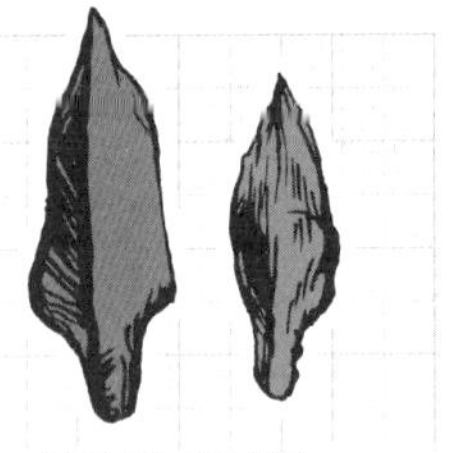

岩戸遺跡（尖頭器）

地域の特色

大分県は、九州地方の東北部、瀬戸内海の西端に位置する。北は福岡県、西は熊本県に接し、南は宮崎県、東は周防灘・豊予海峡・豊後水道を隔てて中国・四国に対する。臼杵・八代構造線を境として、南は古生層・中生層で石灰岩地形がある。海岸はリアス式海岸を呈し、津久見・佐伯などの良港が認められる。いわゆる中央構造線の北には、国東半島や鶴見・由布・久住などの火山群があり、別府・由布院・天ヶ瀬などの温泉も多い。河川には、大野川、大分川が県の中央部を流れ、別府湾に入る。特に大野川流域には旧石器時代の遺跡も多い。

県域は、古代においては豊前の一部と豊後全域を占め、全国の八幡宮の総本宮である宇佐神宮は、いわゆる神仏習合の祖型であり、伊勢神宮とともに第2の皇室の宗廟として崇敬を集めた。鎌倉時代には、大友氏が守護として入部、土着し、他方で志賀・一万田・田原・戸次などの庶家も早く土着し領主化していった。

南北朝時代以降は、大友氏が守護領国を形成し、著名な大友宗麟は南蛮貿易を行い、北九州6カ国守護職と日向・伊予半国を支配した。大分市、旧府内には大友氏関連の遺跡が残る。また戦国時代には、みずから洗礼を受けた大友宗麟の保護により、キリスト教の布教が進められたことから、キリシタン墓碑など関連遺跡が多数残されている。

1593（文禄2）年、宗麟の子の大友義統（吉統）が朝鮮の役における失敗により、豊臣秀吉から除国、小藩に分割された。江戸時代には、日田が天領となり、代官所が置かれたほか、豊後国では府内に竹中氏、日根野氏、大給松平氏が治め、臼杵には稲葉氏、佐伯には毛利氏、岡には中川氏、森には久留島氏、日出には、木下氏、杵築には小笠原氏、能見松平氏が領した。豊前国では、中津が黒田氏、細川氏、小笠原氏、奥平氏、千束は小笠原氏が治めた。また各地には肥後、延岡、島原藩の飛び地領も点在した。1871年7月、廃藩置県で豊後は、府内・臼杵・佐伯・岡・森・日出・杵築

凡例　史：国特別史跡・国史跡に指定されている遺跡

7県と、熊本（旧熊本領）・島原（旧島原領）・延岡（旧延岡領）・日田（天領）の4県計11県となり、同11月統合されて大分県となった。豊前も同じく中津県・豊津県・千束県となり、後に統合されて小倉県となる。その後、1876年4月小倉県を廃し、同8月には下毛・宇佐2郡が大分県に編入され、現在の県域が確定した。

主な遺跡

岩戸(いわと)遺跡

＊豊後大野市：大野川と奥岳川に挟まれた、標高140mの段丘上に位置　時代 旧石器時代後期　史

1979年に東北大学の芹沢長介(せりざわちょうすけ)によって調査が行われ、以後3次にわたる調査の結果、旧石器を多数検出して成果を上げた。文化層としては、姶良・丹沢火山灰層（AT層）を挟んで上層部に2層、下部に1層確認されている。特にAT層直上の層位からは、大きさ10cmほどの結晶片岩を用いた岩偶(がんぐう)が出土し、話題となった。遺物としては、AT層直上の層位から瀬戸内技法を伴うナイフ形石器、三稜尖頭器(さんりょうせんとうき)、スクレイパーなどが多数認められ、その上部層でも縦長剥片の基部や先端部に調整剥離を加えたナイフ形石器などが見られるなど、東九州はもとより日本の旧石器文化を研究するうえで、重要な成果が認められた。

なお、この大野川流域には、細石刃、細石核などを多数出土した市ノ久保(いちのくぼ)遺跡（犬飼町）や赤化した河原礫を含む集石遺構の認められた百枝(ももえだ)遺跡（三重町）など旧石器時代の遺跡が多数認められ、特に大野原台地には、駒方(こまがた)遺跡群（大野町）をはじめ50以上の遺跡が立地する。年代比定の鍵層となるAT層などを基に文化層の整理が行えることから、九州地域における旧石器時代を研究するうえでも、重要な地域となっている。なお、この地域の南側、番匠川(ばんじょうがわ)の上流に、著名な聖嶽洞穴(ひじりだきどうけつ)（南海部郡本匠町）が位置する。

早水台(そうずだい)遺跡

＊速見郡日出町：国東半島の基部、別府湾に面した河岸段丘上、標高35mに位置　時代 旧石器時代後期～縄文時代早期

1953年以降、断続的に発掘調査が行われ、1963年からの本格的な調査では、上層（Ⅰ・Ⅱ層）より住居跡を含む、縄文時代早期の押型文土器が出土した。1964年の下層（Ⅲ・Ⅳ層）の調査では、ナイフ形石器など旧石器時代の石器と比定できる遺物が多数発見されて話題となった。本遺跡は、縄文時代早期の押型文文化の標識遺跡としても著名であり、東九州縄文土器編年のなかでは早期前葉～中葉に位置づけられている。縄文時代の

石器としては、石鏃・尖頭状石器が多く出土しているほか、削器などの剥片石器や、石斧・尖頭式礫器・凹石などの礫核石器が認められている。石材は主としてチャート、ガラス質安山岩が使用されている。加えて、黒曜石は西九州伊万里産と見られる黒色黒曜石が用いられ、国東半島北方の周防灘に位置する姫島産の石材はガラス質安山岩に限られる。実は姫島産黒曜石は、縄文時代においては、大分県はもとより、宮崎・鹿児島県をはじめ、九州地方でその使用が認められ、四国や中国地方でも分布が認められる。こうした点から、姫島産黒曜石の利用のあり方の時代による違いを知るうえで、興味深い傾向として評価されている。

また、下層出土の石器群、特に石英脈岩・石英粗面岩製とされる500点に及ぶ石器については、昭和30～40年代の前期旧石器存否論争のなかで中心的な問題となった。現在では、新たな再調査のなかで、九重火山の九重第1軽石（Kj-P1、約5万年前）に由来する火山ガラスが検出された層位よりも後の年代であると考えられており、これまでの調査成果の再検証が求められている。いずれにせよ、わが国における前期旧石器存否の論争のなかで、丹生遺跡（大分市）とともに学史的に重要な遺跡である。

小池原貝塚

＊大分市：乙津川左岸の台地北端部の傾斜地、標高約40mに位置　**時代** 縄文時代後期

1961年、65年に別府大学の賀川光夫らによって調査が行われ、カキ・ハマグリなどを主体とする貝層が検出された。土器は磨消縄文あるいは沈線のみを主体とした2種類が認められ、「小池原式土器」の標識遺跡となっている。これらの土器の特徴が九州北部や四国西南部にも認められるなど、縄文時代後期前半の文化の様相をとらえるうえで、重要な遺跡といえる。他方、近隣する貝塚である横尾貝塚（大分市）は、さらに乙津川の上流に位置し、戦前から知られた貝塚である。縄文時代前期と中期後半～後期初頭の遺物が認められ、貝層の下部はヤマトシジミ、上部はハマグリを主体としている。土器の構成には、瀬戸内の中期に比定される土器も認められるなど、小池原貝塚とともに他地域との交流を知る遺跡として重要視されている。

下郡遺跡

＊大分市：大分川右岸の低地、標高約4～5mに位置
時代 弥生時代前期末～後期

1987年より土地区画整備事業に伴い実施された発掘調査により、環壕に囲まれた住居跡や埋葬遺構などが検出された。偏平片刃石斧、柱状抉入片刃石斧、太形蛤刃石斧など大陸系の磨製石器や、紡錘車、石包丁な

どのほか、青銅製鉇が出土している。また、多数の木器が検出されたことでも知られ、隣接する下郡桑苗遺跡からは、ブタと比定される獣骨が検出された。いわゆる「家畜」としてのブタが弥生時代前期末以降の日本に存在していたことは、弥生文化のとらえ方を大きく変えるものとして話題となった。

安国寺集落遺跡

＊国東市：国東半島の東、田深川右岸の低湿地、標高8～10m 前後に位置　**時代** 弥生時代後期　**史**

1950～52年にかけて、九州文化綜合研究所と県の共同調査が実施され、馬蹄形の溝に囲まれた集落跡の存在が確認された。集落をとりまく大溝や多数の柱穴跡、建築部材も確認されたほか、泥炭層から多数の木製品が出土し注目を浴びた。弥生時代終末期の東九州を代表する遺跡として、当時は「西の登呂」とも呼ばれた。1985年以降、断続的に調査が行われ、杭や矢板、農耕具としての叉鍬、平鍬、横鍬、鋤、手斧の柄などが多数検出されている。また、土器は壺、甕、鉢、高坏、器台などが出土し、「安国寺式土器」の型式が設定されて、標識遺跡となっている。

鹿道原遺跡

＊豊後大野市：白鹿山西側の台地上、標高約130m に位置
時代 弥生時代後期終末～古墳時代初頭

1989年以降、工場誘致に伴い発掘調査が実施され、竪穴住居跡が200基以上検出されるなど、県内でも最大級の集落遺跡として注目を集めた。焼失住居などの検討から住居の廃絶と移転に関して興味深い議論が提起されているほか、土器以外にも鉄鏃、鉇、鉄鎌、鉄斧、勾玉、管玉、小型仿製鏡なども認められている。ほかにも大野原台地には、高添遺跡（千歳市）、舞田原遺跡（犬飼町）、二本木遺跡（豊後大野市）など弥生時代の集落遺跡が認められ、弥生時代後期から古墳時代初頭にかけて主要な位置を占めていた地域であったことを示唆している。

赤塚古墳

＊宇佐市：駅館川右岸の宇佐台地、標高約30m に位置
時代 古墳時代前期　**史**

1921年に地元住民により発見され、京都大学の梅原末治らが調査を実施し、三角縁神獣鏡を含む舶載鏡5面と碧玉製勾玉、鉄斧、鉄刀片、土器片などを確認した。全長57.7m、前方部幅21m、高さ2.5m、後円部径36m、高さ4.8m を測る。九州でも最古級の前方後円墳であり、4世紀後半の年代が比定されている。出土した三角縁神獣鏡は、後に小林行雄による同范鏡の研究により、椿井大塚山古墳（京都府）をはじめとする畿内から北部九州にかけての古墳との関わりを、鏡の分有関係でとらえる試み

においても大きな役割を果たした。

この古墳の周辺には5基の前方後円墳があり、川部・高森古墳群とも呼ばれ史跡公園として整備されている。免ヶ平古墳（宇佐市）は、現在前方部が削平され、円墳状を呈しているが、もともとは全長約52mの前方後円墳であったと考えられている。竪穴式石室を有し、中国製鏡や碧玉製釧など畿内の影響をうかがわせる。1988年には、保存整備調査で、新たに箱形石棺が発見され、女性と推定される人骨1体が確認された。宇佐地域の首長墓に関わる資料として、興味深い古墳群といえる。

弥勒寺跡

＊宇佐市：寄藻川右岸の丘陵の麓、標高約20mに位置
時代 奈良時代～江戸時代　史

1954年から断続的に調査が行われ、宇佐神宮の神宮寺である弥勒寺の遺構が明らかとなった。1868年の神仏判然令によって破却、廃絶するまで存在していたもので、寺域は南北750尺（220m）、東西500尺（150m）、薬師寺式の伽藍配置を呈する。記録では738（天平10）年に金堂、講堂の造営を開始し、743（天平15）年には東西2基の三重塔が建立されたとされる。金堂跡の礎石11個、講堂跡の礎石13個などが確認されているほか、築地や溝の存在も認められている。瓦は法隆寺文様の軒平瓦と大宰府（鴻臚館）系の軒平・軒丸瓦が認められている。

豊後国分寺跡

＊大分市：大分川左岸の河岸段丘上、標高約30mに位置
時代 奈良時代　史

1974年より大分市教育委員会により発掘調査が実施され、東西183m、南北300mの寺域が確認されるとともに、伽藍配置の全容が明らかとなった。南から、南門、中門、金堂、講堂が一直線に並ぶ形式であり、塔は回廊内の西寄りに存在したと考えられており、礎石規模が一辺約18mと大きく、それから推定される高さは60m級で七重塔であった可能性も指摘されている。全国の国分寺と比較しても、規模が大きく興味深い。

下藤地区キリシタン墓地

＊臼杵市：大野川支流の野津川左岸、標高約130mに位置　時代 中世末～近世初頭

もともと村の共有墓地として近世より利用されてきた場所であったが、1957年に青山巌氏によって、殉教者である常珎の墓と考えられる十字架を刻んだ石造墓標が発見され、1999年にも石造十字架の一部と考えられる「INRI」銘の認められる墓標が発見されるなど、キリシタン墓地の可能性が指摘されていた。2010年より発掘調査が実施され、墓標や地下の墓坑に伴う多数の石組遺構が検出された。当時の下藤村の洗礼名リアンと

いう地侍がキリシタンとなった村人のために1579（天正7）年頃につくった墓地と評価されており、全国的にもほぼ完全なかたちのキリシタン墓地の検出は初めてである。また、直径4mの円形の広場と想定される石敷遺構や礼拝道と考えられる幅3mほどの石敷遺構、礼拝堂の可能性のある礎石建物の遺構が検出されている。これらの空間構成は、日本に滞在した外国人宣教師らの記述とも類似しており、日本における近世以前のキリシタン墓地の事例としてきわめて貴重な遺跡といえる。現在、県指定史跡として調査が進められている。

国宝／重要文化財

古園石仏

地域の特性

九州地方の北東部に位置し、東側は瀬戸内海の周防灘と豊後水道に面している。中央構造線が佐賀関半島から南西方向にのび、その北側に筑紫山地、国東半島、九重山、南側に九州山地が横たわる。山地や高原が多く、平地は大分平野と中津平野、日田盆地など少ない。周防灘に面する県北部では城下町の中津が栄え、駅館川下流の宇佐地方から国東半島にかけて独特な文化が花開いた。県央部には大分平野が広がり、政治・経済・文化の中心で近代工業化も進んでいる。別府は温泉場として、世界的観光保養地となった。県西部は山間地で、日田地方では木材加工業、玖珠地方では牧野がひらけて豊後牛の生産が盛んである。県南部のリアス海岸湾奥の港町では、造船業や漁業が営まれている。

宇佐八幡宮を中心に、国東半島では古くから神仏習合の信仰心が篤かった。平安時代には天台宗に関連した山岳宗教色が強まり、六郷満山と総称される65か所の寺院があった。鎌倉時代に大友能直が守護となり、以後約400年にわたって大友氏の統治が続いた。戦国時代に大友氏21代宗麟が北部九州を支配する大大名となり、彼は海外交易に力を入れ、キリスト教布教も許可して自身も入信した。しかし薩摩の島津氏との対決に敗れて、大友氏は衰退した。江戸時代には多数の中小藩、天領、旗本領、飛地領が置かれた。明治維新の廃藩置県後、隣接県との統廃合を繰り返して、1876年に現在の大分県ができた。

国宝／重要文化財の特色

美術工芸品の国宝は2件、重要文化財は54件である。建造物の国宝は2件、重要文化財は30件である。宇佐神宮をはじめ、六郷満山の諸寺院で栄えた国東半島周辺に国宝／重要文化財が多く分布している。ほかの地方では見られないほど、多様で豊富な石造文化財が残っている。そのほかに、大友氏や歴代城主から庇護を受けた柞原八幡宮に、多数の重要文化財がある。

◉臼杵磨崖仏

臼杵市の所有。平安時代から鎌倉時代の彫刻。臼杵川流域の丘陵山裾にある日本最大規模の磨崖仏である。古園石仏、山王山石仏、ホキ石仏第1群、ホキ石仏第2群の4群からなり、総計59体が阿蘇溶岩でできた熔結凝灰岩層に彫られている。造立に関する資料はほとんどなく、仏像の様式などから平安時代後期から鎌倉時代の年代と考えられている。向かって左側の東側斜面にある古園石仏は大きな大日如来坐像を中心に、左右に如来、菩薩、明王、天部が整然と並び合計13体で構成されている。大日如来像は像高約3mの丈六で、ふっくらとした頬に端正な顔貌である。金剛界の大日如来とされ、古園石仏は密教曼荼羅を意味して臼杵石仏の中核とされている。山王山石仏も大きな如来坐像を中心に、左右に仏坐像を配した3尊からなる。右側の谷奥にホキ石仏第1群があり、3か所の龕にそれぞれ如来三尊像と、1か所の龕に地蔵十王像がある。谷手前にホキ石仏第2群があり、第1龕も大きな丈六の阿弥陀如来坐像を中心とする阿弥陀三尊像、第2龕は9体の阿弥陀如来像を主体とする九品阿弥陀である。かつて古園石仏の大日如来像は、頭部が落下したまま横に置かれ、胴部も剥落して残片が四散するなど、石仏の多くは損傷がひどかった。1980年から14年間かけて保存修復工事が行われ、面目を一新して、古代の優れた石造彫刻が再現された。

◎熊野磨崖仏

豊後高田市の所有。平安時代から鎌倉時代の彫刻。国東半島の山中にあり、付近は熊野権現の森となっている。麓の胎蔵寺から石鳥居を抜けて、乱積みの険しい石段を上った場所に熊野社があり、石段途中の凝灰岩の巨岩壁に、西南に面する大きな磨崖仏が2体刻まれている。造立年代は、史料や仏像の様式などから、平安時代後期から鎌倉時代初期と考えられている。如来形像と不動明王及二童子像で、いずれも頭部と胴上部だけを彫り、腹部から下のない半立像である。如来形像は像高6.8mで、頭部の螺髪がくっきりと隆起し、肉髻は高くない。四角い顔で口をへ字型に結んでいる。半円形の光背を薄く彫り出し、見えにくいが、光背の上に種字（梵字）で仏を表現した種字曼荼羅が3面刻まれている。中央が理趣経曼荼羅、左右が胎蔵界曼荼羅と金剛界曼荼羅とされ、修験道思想との関連性が指摘されている。不動明王像は像高8mで、弁髪を左側に垂らし、右手に剣、左手に索を持つ。両眼が飛び出して広がった鼻、下ぶくれの顔貌をして、不動明王像に通例見られる激しく怒る忿怒相というよりも、温和でユーモラスな表情である。2童子像は存在が見分けられないほど、ほとんど摩滅している。

◎銅鐘　竹田市の竹田市立歴史資料館で収蔵・展示。西洋／17世紀前半の工芸品。1612年頃に製造されたキリシタンの鐘である。銅製ベル型をして高さ80.5cm、口径66.0cm、重量108.5kgである。表面の中位やや上に十字型の記号があり、下位にHOSPITAL SANTIAGO 1612の銘文があるので、サンチャゴ病院にあった鐘とされ、通称サンチャゴの鐘と呼ばれている。サンチャゴ病院とは、長崎にあった慈善院（ミゼリコルディア）の附属病院で、一般の病人や癩病人を収容していたが、両院とも1620年に長崎奉行長谷川権六の命で破壊されたと記録されている。鐘は大分の岡藩中川氏の岡城に移されて秘蔵され、明治維新後に城の取り壊しで発見されて、竹田市拝田原の中川神社の所有となった。長崎から大分に移された経緯は不明である。大分はキリシタン大名だった大友宗麟の領地で、竹田市にはキリシタン文化の文化財が多い。

◉富貴寺大堂　豊後高田市にある。平安時代後期の寺院。富貴寺は宇佐八幡宮大宮司の宇佐氏によって創建され、代々庇護を受けたとされる。大堂は12世紀後半の建立と推定され、京都府平等院鳳凰堂◉や岩手県中尊寺金色堂◉と同じく、阿弥陀如来を安置する阿弥陀堂である。桁行3間、梁間4間の宝形造で、屋根は丸瓦の一端を細めて重ねてゆく行基葺である。正面3間の柱間に板扉、大面取の角柱、柱上の組物を大面取の舟肘木にして、屋根の軒が長い簡素で優美な外観である。側面前方2間と背面中央1間を板扉にして、そのほかの柱間は板壁である。内部は、やや後方に円柱の四天柱を立てて内陣とし、高欄付き須弥壇を設けて阿弥陀如来坐像◎を安置する。内陣の天井は折上小組格天井、外陣は小組格天井である。須弥壇を中心に内陣、外陣の板壁には壁画が描かれている。宇佐市の大分県立歴史博物館で実物大のレプリカが復元され、創建当時の色鮮やかな仏教壁画を見ることができる。須弥壇後方の来迎壁には極楽浄土を描いた阿弥陀浄土変相図、来迎壁の裏側には千手観音と28部衆図、四天柱には上下3段にわたって菩薩・天部・明王70数体の密教諸尊が描かれている。外陣上部の横長の小壁には、東に薬師、南に釈迦、西に阿弥陀、北に弥勒の4仏浄土図がある。浄土教の主題に、密教的要素の含まれた平安時代後期の代表的な阿弥陀堂である。

◉宇佐神宮本殿（うさじんぐうほんでん）　宇佐市にある。江戸時代末期の神社。宇佐八幡宮と呼ばれ、神仏習合の宮寺（みやでら）だった。八幡神（はちまんじん）を祀り古くは社地を転々としたが、782年に小椋山（おぐらやま）の現在地に移されたと伝えられる。現在の本殿は1855～61年の間に造営され、第1殿、第2殿、第3殿の3社殿が東西に接近して並ぶ。それぞれの社殿は同じ形態をしていて、ほぼ同形同大の切妻造（きりづまづくり）の桁行3間、梁間1間の外院（げいん）と、桁行3間、梁間2間の内院とを、軒を接続させて一体化させている。平面では桁行3間、梁間4間の建物のようだが、実際には切妻造の屋根が前後に2棟並列している。両院の四周に高欄（こうらん）付き縁をめぐらし、中央の第2殿を除いて、左右の社殿正面に階段がある。外院正面を蔀戸（しとみど）とし、両院の外側は白壁（しらかべ）である。八幡宮は隼人（はやと）の反乱や藤原広嗣（ふじわらのひろつぐ）の乱などの鎮圧で中央から尊崇を受け、また東大寺の守護神として手向山八幡宮（たむけやまはちまんぐう）となって奈良に移されるなど、社格も上げられた。738年には弥勒寺（みろくじ）が建立され、国東半島（くにさきはんとう）に六郷満山（ろくごうまんざん）が設けられて、神仏習合の大きな霊場が形成された。平安時代には京都に石清水八幡宮（いわしみずはちまんぐう）が創設され、さらに八幡神を信仰する源氏によって鎌倉にも八幡宮が建てられて、八幡信仰は全国に広まった。明治維新の廃仏毀釈（はいぶつきしゃく）で宇佐神宮と改称し、六郷満山は独立、弥勒寺は廃絶となった。

◎白水溜池堰堤水利施設（はくすいためいけえんていすいりしせつ）　竹田市にある。昭和時代の土木施設。通称白水（はくすい）ダムと呼ばれる。大分県南西部を流れる大野川から灌漑用水路の富士緒井路（ふじおいろ）へと水を送るダムで、1938年に完成した。富士緒井路は1914年に完成して約388haの農地を潤したが、1924年に水不足が起き、そこで安定して水を供給するため白水ダムが計画された。白水ダムは、コンクリート造および割石造（わりいしづくり）の越流式重力ダムで、主堰堤（えんてい）と副堰堤からなる。付近は阿蘇溶岩でできた脆弱（ぜいじゃく）な岩盤なので、落下する水圧から川底や壁面を保護するため、水流の減圧が必要だった。主堰堤は高さ14.1m、長さ87.26mで、右岸側は曲線状の湾曲した石組、左岸側は階段状の石壁にして水圧を分散させた。荒い切石を積み上げた堤体の斜面を水が落ち、水泡となって水の勢いが弱まる。水の落下する様子は白いカーテンのような美しい眺めである。灌漑用ダムでありながら、山間の自然の中で芸術的造形美を見る思いである。

☞そのほかの主な国宝／重要文化財一覧

	時代	種別	名　称	保管・所有
1	弥　生	考古資料	◎吹上遺跡出土品	大分県立歴史博物館
2	古　墳	考古資料	◎免ヶ平古墳出土品	大分県立歴史博物館
3	飛　鳥	彫　刻	◎銅造仏像（社伝阿弥陀如来立像）	柞原八幡宮
4	平　安	彫　刻	◎木造弥勒仏及両脇侍像	大楽寺
5	平　安	彫　刻	◎木造阿弥陀如来坐像	真木大堂
6	平　安	彫　刻	◎木造僧形八幡神坐像	奈多宮
7	平　安	考古資料	◎銅板法華経	長安寺
8	鎌　倉	彫　刻	◎木造十一面観音立像（観音堂安置）	永興寺（日田市）
9	鎌　倉	工芸品	●孔雀文磬	宇佐神宮
10	南北朝	絵　画	◎絹本著色放牛光林像	龍祥寺
11	南北朝	彫　刻	◎木造足利尊氏坐像	安国寺
12	南北朝	彫　刻	◎羅漢寺石仏	羅漢寺
13	江　戸	絵　画	◎紙本淡彩稲川舟遊図 （田能村竹田筆）	大分県立美術館
14	江　戸	絵　画	◎三浦梅園遺稿	三浦梅園資料館
15	鎌倉前期	石　塔	◎九重塔	川野岳人・外25名
16	鎌倉後期	寺　院	◎龍岩寺奥院礼堂	龍岩寺
17	鎌倉後期	石　塔	◎岩戸寺宝塔	岩戸寺
18	室町前期	寺　院	◎神角寺本堂	神角寺
19	室町中期	寺　院	◎善光寺本堂	善光寺
20	室町後期	寺　院	◎泉福寺仏殿	泉福寺
21	江戸後期	神　社	◎柞原八幡宮	柞原八幡宮
22	江戸後期	民　家	◎旧矢羽田家住宅（日田市大山町）	日田市
23	江戸後期	石　橋	◎虹澗橋	臼杵市／豊後大野市
24	明　治	病　院	◎旧日野医院	日野病院運営委員会
25	大　正	住　居	◎旧成清家日出別邸	日出町

城郭

大分城の隅櫓

地域の特色

大分県は豊後国と豊前国南部からなる。古くから宇佐八幡宮の大宮司職を務める大神氏が栄え、臼杵・緒方・大野・植田・阿南・高知氏の庶流を出し、領家宇佐氏とともに中世に大きな足跡を残した。

鎌倉開府に伴い、県内には豊後守護代大友能直が入部する。能直は国府の館に入り、以後、戦国期に至るまで大友氏はこの地方で強大な勢力を維持し続ける。大友氏入部とともに阿南氏は高崎山城と鶴ヶ城に、大野氏は神角寺城に入って、これに対した。

大友氏は9代氏泰の代に国府館より大友西山城に拠って、守護領国化を推し進め、佐伯・入田・戸次氏らを家臣団に取り込み、詫摩・一万田・志摩・木付・野津氏ら一族の在地支配を推し進めた。竹尾城の木村氏、龍王城の安心院氏などが豊前にあったが、南北朝争乱期には、龍王城の宇都宮氏が、大友軍と対戦。高崎山城をめぐり菊池氏ら在地領主連合軍と大友勢の争奪戦、および今川了俊の入城の戦い、玖珠城・長岩城の戦いも有名である。長岩城は山上（峰続きの最高所）に平石を横積みした石造櫓が立ち上がり石垣と共に残存する。注目される城址だ。

室町期には姫岳城に代表される大友氏に対し、大内氏の攻撃が著しく、義鑑が陣没後、大友義鎮の代に揺るぎない支配が確立する。

戦国期には北上する薩摩の島津氏との攻防戦が激しくなる。在地の城をめぐる島津勢との攻防戦には、鶴賀城、玖珠城、武山城、因尾穴砦、津賀牟礼城、栂牟礼城などで大友一族と島津勢の攻防戦が展開した。因尾穴砦とは因尾の丘、中腹に比較的大きな穴を刳り貫き、水を確保し、籠城できるようにした穴城のことで、実際に大友一族が楯籠り、島津が攻め倦んだ比較的大きな穴を城にした珍しい形式であった。

近世では中津城・府内城（大分城）・月隈城・日隈城・日出城・杵築城・臼杵城・岡城などがあった。

主な城

臼杵城（うすき）

別名 丹生島城、亀城、金亀城　所在 臼杵市臼杵丹生島
遺構 櫓2基（現存）、石垣、空堀、鐘楼

臼杵城は臼杵湾に浮かぶ丹生島（にうじま）に築かれていた。当時は四方を海に囲まれた完全な水城（海城）であった。永禄6（1563）年8月、大友義鎮（おおともよししげ）（宗麟）は府内城からこの城に移るが、同年11月の耳川の合戦で島津義久に敗れて以後、次第に衰退。わずかに本領の豊後一国を残すのみであった。天正14（1586）年に島津勢は豊後へ侵攻。宗麟は臼杵城でポルトガルから輸入した大石火矢（大砲）「国崩（くず）し」を用いて激戦の末、島津勢を撃退し豊後を守るが、宗麟の子義統（よしむね）は文禄2（1593）年文禄の役での失態により改易された。代わって翌3年に福原直高、慶長2（1597）年に太田一吉と相次ぎ、同5（1600）年関ヶ原の戦いで一吉の子一成が西軍に属したため改易、稲葉貞通が5万6千石で入封。以後稲葉氏が15代270年続いて明治を迎えた。

急峻な丹生島に本丸と二の丸が築かれており、本丸北側に三重の天守があがった。本丸と二の丸の間の空堀は稲葉氏時代、また北西方麓の三の丸は、福原氏、太田氏の時代に「祇園州」と呼ばれる対岸を埋立て築かれた。この三の丸と丹生島との間は「古橋」と「今橋」という二つの橋で結ばれた。太田氏から稲葉氏に替わるころには櫓31基と櫓門7棟があった。臼杵公園となった現在、畳櫓や卯寅口門脇櫓が現存、大手櫓門が復元されている。また、城下には旧藩主稲葉家下屋敷も現存している。

岡城（おか）

別名 臥牛城、豊後竹田城　所在 竹田市竹田　遺構 石垣　史跡 国指定史跡

岡城の歴史は文治元（1185）年、緒方惟栄の天神山への築城に始まる。その後、南朝に属した志賀貞朝が改築を加え、岡城と命名。応安2（1369）年頃から志賀氏の居城となった。天正14（1586）年、志賀親次は島津の大軍を3度にわたり撃退。文禄2（1593）年の大友氏失脚とともに志賀氏もこの城を退去。翌年播州三木城より中川秀成が7万400石で入封した。中川氏は関ヶ原の戦い後も本領を安堵され、12代久昭のときに明治を迎えた。

秀成は入部と同時に大改修に着手し、慶長元（1596）年に懸けて本丸をはじめとした主要な曲輪、大手門などを整備、本丸には3層の天守があがる総石垣の城を完成させた。本丸には天守のほかに本丸御殿、二の丸にも

御殿、月見櫓、御風呂櫓、三の丸には武器庫が造られた。西の丸は当初武家屋敷だったが、3代久清の隠居所が造られた。その後、増改築されて城の中心部が成立される。滝廉太郎の「荒城の月」の碑が本丸跡にある。

杵築城（きつき）

別名 勝山城、木付城、臥牛城　所在 杵築市杵築　遺構 石垣、堀、庭園の一部、模擬天守　史跡 国指定史跡

明徳4（1393）年、大友氏の一族、木付頼直が八坂川の河口にある台山に築城した。木付氏は杵築氏とも名乗った。城地の北は高山川、東は守江湾といった川と海に挟まれた要害の地である。天正14（1586）年10月、薩摩の島津家久は臼杵城の大友宗麟を猛襲、大友義統が拠る府内城を落とし杵築城に襲来した。杵築氏16代の鎮直（しげなお）は2ヶ月間の籠城戦を秀吉の島津征討軍の来援まで耐えたが、文禄2（1593）年、大友義統改易の報に鎮直の子統直は自殺、鎮直も切腹し木付氏は滅亡。その後、前田玄以、杉原長房が相次いで入城した。関ヶ原の戦いの時は中津の細川忠興の支城であり、松井康之と有吉立行が城代として守っていた。西軍として旧領回復を目論む大友義統は、城を攻撃するが、黒田長政の援軍で辛うじて撃退した。

寛永9（1632）年細川忠利が熊本を去ると小笠原忠知が入り、正保2（1645）年に松平（能見）英親が3万2千石で入封する。その後松平氏が10代続き、明治を迎えた。

杵築城は細川氏時代の元和元（1615）年一国一城令により台山の城は破却され、北麓の居館の藩主御殿部に城の機能を移し居城とした。台山での遺構は土塁と堀切、山麓の御殿部には堀、石垣、庭園が残る。

佐伯城（さいき）

別名 鶴谷城、鶴ヶ城、鶴屋城　所在 佐伯市城山　遺構 櫓門（現存）、石垣、天守台

佐伯湾に注ぐ番匠川河口の北岸にある標高144mの城山（八幡山）に築かれる。慶長6（1601）年、日田日隈城から毛利高政が、2万石で入り、以後、毛利氏が12代、維新に至った。高政はもともと森氏で、毛利輝元に気に入られ毛利と名乗ったもので、長州毛利氏とは血縁関係はない。

高政は同9（1604）年に築城に取りかかり、同11（1606）年に完成させた。三層の天守を中心に二重櫓5基、平櫓1基、城門7棟という2万石の大名の城として破格であった。本丸と左右に曲輪を形成する姿から、鶴屋城、鶴ヶ城と呼ばれた。元和3（1617）年には失火により天守などを焼失。天守は再建されることなく、寛政14（1637）年、南東の山麓に三の丸を構築、その

内側に殿舎を建設。明治維新を迎えるまで三の丸が藩庁になった。

江戸時代の早期に放置されたにもかかわらず、山頂部の尾根筋の本丸や二の丸などに石垣が現存。山麓の三の丸には宝永6（1709）年6代高慶の時に冠木門から櫓門へと変更したという三の丸櫓門が残る。維新とともに城の建築物はほとんど壊された。

角牟礼城（つのむれ）

別名 津野牟礼城、角群城、角埋城　所在 玖珠郡玖珠町
遺構 石垣、竪堀、土塁、栖風楼　史跡 国指定史跡

大分県西部玖珠盆地の北側、標高577mの角埋山の山頂部に築かれる。本丸、二の丸、三の丸跡をよく残し、山頂付近の石垣は中世～近世初期の貴重な遺構である。玖珠盆地は、平安時代以来、織田氏、魚返氏、森氏ら玖珠郡衆が支配。戦国時代には大友氏のもと、これらの玖珠郡衆12人が、盆地周辺の城を共同管理したという。天正年間（1573～1592）の侵攻に際しては、角牟礼城は森氏をはじめ玖珠郡衆が楯籠った。文禄2（1593）年大友氏が失脚すると毛利高政が入り、慶長6（1601）年に1万4千石で入封した来島康親は、角牟礼城南麓に居館を設けた。来島氏は2代通春の時に久留島を称し、12代明治まで居住した。その間8代通嘉は、陣屋西側の丘陵にある三島陣屋（現末廣神社）の改修を口実に門や石垣に加え二層の栖鳳楼（せいほうろう）という天守に見立てた茶屋を建設。今日、三つの庭園と屋敷の地割、城下の町並みが良く残されている。

長岩城（ながいわ）

所在 中津市耶馬渓町　遺構 石塁

「銃眼のある石積櫓」で有名な長岩城は、名勝で知られる耶馬渓にある。建久9（1198）年豊前国守護宇都宮信房の弟重房が、野仲郷を領し野仲氏を名乗り築城。大内氏や大友氏に従って下毛郡を23代390年間支配した。急峻な円錐形をした扇山（標高530m）を中心に、一帯の険阻な断崖絶壁を巧みに取り入れ、断崖の合間などの敵の侵入しやすい所に築いた石塁の総延長は700mにも及ぶ。円形と櫓状に積まれた石積みには弓状に積まれ、その石塁遺構が特徴的だ。外直径2.8mに高さ2mの櫓状石積には3ヶ所、円形石積には2ヶ所、弓状石積みにも1ヶ所の銃眼らしい穴がある。銃眼穴はともに径約20cmの大きさで、砲座とみられている。23代鎮兼は黒田長政の豊前支配を拒否、この城に楯籠り黒田勢を迎え撃った。今残る姿は天正16（1588）年4月、3日間の攻防戦で落城した時の遺構で、おそらく戦国

期の石積櫓は日本で唯一の遺構であろう。

中津城（なかつ）

別名 扇城、扇要城、丸山城　所在 中津市二ノ丁　遺構 堀、石垣、土塁、模擬天守、模擬櫓

天正15（1587）年の秀吉の九州平定での戦功により、黒田孝高は豊前国六郡で16万石を与えられた。翌年中津築城にとりかかるが、慶長5（1600）年の関ヶ原の戦いの後、中津城の工事は未完成のまま、黒田氏は筑前に転じ、細川忠興が丹後宮津城から入封した。忠興は同12（1607）年に小倉城に居城を移すが、築城工事は続き、元和元（1615）年の「一国一城令」では忠興が幕府に掛け合い、中津城は存続が決まったという。寛永9（1632）年忠利は熊本城に移封、替わって播州竜野城から小笠原長次が入城するが、享保元（1716）年、5代目の長邕が6歳で没し断絶。翌2（1717）年10月、丹後宮津城から奥平昌成が10万石で入封、9代伝えて明治に至った。

中津城は山国川の河口部に位置し、北は周防灘、西は山国川分流の中津川に面している。東は二重、南は三重の堀をつくり、外堀には「おかこい山」と呼ばれる土塁を廻らせていた。本丸を頂点に三角形の城地を構えていることから扇城、扇要城などの称もある。

明治10（1877）年の西南戦争で、城内の建物が焼失した。石垣と堀のみ残る城址に、昭和39（1964）年、旧藩主奥平家が中心となって櫓台跡に五層五階の模擬天守が建てられた。近年は、中津市教育委員会による発掘調査も実施され、出土した遺構・遺物から新しい知見も示されている。

日出城（ひじ）

別名 青柳城、暘谷城（ようこく）　所在 速見郡日出町　遺構 鬼門櫓（移築現存）、門（移築）、石垣、天守台、堀、カマボコ石塀

別府湾に臨む崖の上に築かれた日出城は、木下延俊が慶長6（1601）年3万石で入封。同年秋から翌年8月にかけて築城した。延俊は、秀吉の正室北政所の実兄で、木下氏が16代続いて明治維新に至った。

城は南端の本丸を中心に、二ノ丸・三ノ丸・外郭が囲む構造で、明治の廃城により、三重の複合天守のほか、残っていた櫓9基と共に競売され、破却が行われた。本丸裏門櫓と鬼門櫓は、一度民家に移築されて、現在は二の丸跡に再移築され現存している。特に鬼門櫓は一方の出隅を欠いた特異な形状の櫓である。ほかにも藩校致道館や藩主の船待ち御茶屋「襟江亭」など、貴重な建築物が残っている。現在、本丸跡は日出小学校、二ノ丸跡は日出中学校敷地となっているが、本丸天守台をはじめ石垣が残っている。

府内城（ふないじょう）

別名 大分城、荷揚城、白雉城　**所在** 大分市荷揚町　**遺構** 櫓2基（現存）、天守台、石垣、堀、復興櫓・塀など

大分川河口部の西側一帯は、古代から豊後の中心として国府が置かれ、豊後府中・府内と呼ばれた。中世府内城は戦国時代に北部九州一円に覇を唱えた大友氏の守護所、大友氏館である。文禄2（1593）年に22代の義統が朝鮮在陣中の戦線離脱を理由に改易されると、翌年に早川長政（長敏）が、大分郡内で大名となり、大友館を修築して居所とした。慶長2（1597）年、長政は蔚山城（うるさんじょう）の戦いで改易され、替わって臼杵城から福原長堯（ながたか）が入った。この長堯が近世の府内城を築いた。

中世府内城は、微高地に構築された大友氏館址と菩提寺の万寿寺跡、それらを一望する上原館跡からなる。守護所が置かれた大友氏館と万寿寺跡は、城下町府内の中核となる。

近世府内城は福原長堯が、慶長2（1590）年から慶長4（1592）年、海岸の荷落（におとし）に築かれた城は「落」の字を忌避されて「荷揚城」と称された。新城完成から1ヶ月で長堯は、慶長の役での失態から府内6万石を召し上げられ、直前に旧府内城にいた早川長敏が新府内城に入るが、翌年の関ヶ原の戦いで西軍に属し、城を出た。慶長6（1601）年3月に竹中半兵衛の子重隆が2万石で入封すると、城の拡張を進め、四層の天守に23基の櫓と5つの門、3ヵ所の廊下橋を持つ城を完成させた。また、城下町を南北九町、東西十町の碁盤の目状に区画した町割りとして、町の北西側には京泊と呼ばれる船着場を整備した。重隆の子重興は、不正により寛永9（1632）年2月に切腹改易となった。同11（1634）年7月に日根野吉明が下野壬生城から2万石で入城するが、後継問題での内紛により断絶。万治元（1648）年、大分郡高松城主の松平（大給）忠昭が2万3千石で入封した。その後は、松平氏が10代続いて明治を迎えた。

近世の府内城は、本丸・二の丸・三の丸、城下町の3つの大きな曲輪が三重の堀で囲まれる構成となっていた。大分城址公園として本丸と二の丸のうち東之丸と西之丸は、内苑として周囲を廻る堀とともに残り、二ノ丸の残り北之丸と山里曲輪の石垣および本丸と海を隔てるために築かれた帯曲輪も外苑となっている。明治維新と戦災で天守以下大半の建築物は失われたが、「宗門櫓」と「人質櫓」の2基が現存する。また西之丸と北之丸を結ぶ廊下橋、大手門、櫓が復元されている。

戦国大名

大分県の戦国史

豊後国は代々大友氏が守護職をつとめていたが、応永2年（1395）に九州探題今川了俊が失脚したことを機に周防の大内氏が九州に進出、以後大内氏の滅亡まで両氏は激しく争った。大友氏は豊後国だけでなく、豊前国や筑前国にまでその勢力を伸ばしていた。

また、南北朝時代末期から2流に分かれて迭立していた大友氏は、寛正3年（1462）に親繁が嫡子政親に家督を譲ったことで統一された。しかし、政親は、母の実家である大内氏の支援を得た嫡男義右と対立した。明応5年（1496）に義右が急死すると、大内義興は政親を切腹させ、大友氏の家督は政親の弟の親治が継いだ。親治の子が義長で、この2代の頃から大友氏は戦国大名へと脱皮した。

義長の孫が義鎮（のちの宗麟）である。義鎮の家督相続に際しては、嫡男の義鎮と三男の塩市丸の間での跡目争いがあり、天文19年（1550）義鎮派の津久見美作、田口鑑親らが、大友館の二階で就寝していた義鑑と塩市丸らを襲撃して殺害するという「二階崩れの変」があった。

こうして家督を継いだ義鎮は大友氏の全盛期を築き上げ、筑前・筑後・豊前・豊後・肥前・肥後の守護職と日向・伊予の半国を支配、九州の覇者となった。

天正6年（1578）、宗麟は日向国高城で島津軍に大敗、これを機に龍造寺隆信が筑後に侵入、さらに各地で国衆層の離反が相次いだ。

さらに島津氏が日向国を落としたことで宗麟は大坂にのぼって豊臣秀吉に謁見し、その軍門に降った。しかし、子義統は文禄2年（1593）朝鮮・平壌で明軍の攻撃を受けた際に小西行長を見捨てて退却したため改易されている。

主な戦国大名・国衆

藍原氏（あいはら） 豊前国下毛郡の国衆。もとは宇佐神宮神人で、下毛郡藍原（中津市相原）に因む。保延年間（1135〜41）に藍原左京允が坂手隈城を築城したという。代々坂手隈城に拠る。戦国時代は大友氏に属し、天正7年（1579）忠俊のとき、野仲鎮兼に敗れて落城した。

赤尾氏（あかお） 豊前国宇佐郡赤尾村（宇佐市）の国衆。大蔵氏の庶流。承久の乱で上皇方に属して敗れ、宇佐に逃れたのが祖という。また、貞和6年（1350）に赤尾種綱が足利尊氏に従って功をあげ、宇佐郡吉田村の地頭に任命され、吉田村を赤尾と改めて、光岡城を築いたという。戦国時代には豊前守護大内氏の命によって宇佐宮の作事奉行をつとめるなど、同地の有力国人となっていた。弘治3年（1557）に大友氏が豊前国へ本格的に進出した際には赤尾賢種が大友方として活躍、以後大友氏の有力武将となった。

安心院氏（あじみ） 豊前国宇佐郡安心院荘（宇佐市安心院町）の国衆。宇佐神宮大宮司宇佐氏の庶流。鎌倉時代は幕府の御家人で安心院荘地頭でもあった。戦国時代は龍王城に拠って大内氏に属していたが、その滅亡後公正は大友氏に属している。公正は天正10年（1582）大友氏に叛き、翌年敗れて自刃した。

池永氏（いけなが） 豊前国下毛郡の国衆。宇佐氏の庶流で、名字の地は下毛郡池永名（中津市上池永・下池永）。薦神社（中津市）大宮司。南北朝時代頃から武士化し、戦国時代、池永近江守は池永城（中津市上池永）に拠って大内氏に従っていたが、のちに没落。天正16年（1588）宇都宮鎮房が黒田孝高に叛いて籠城した際には池永氏も池永城に籠ったが、落城の際に切腹して滅亡した。

筌ノ口氏（うけのくち） 豊前国宇佐郡安心院（宇佐市安心院町）の国衆。藤原姓。延元元年（1336）範忠が新田義貞に従って越前杣山城で討死し、子範保が豊前国宇佐郡に転じた。その子範一は大内氏に属し、範一の子範定が同郡筌ノ口を与えられ、筌ノ口城主となった。天文3年（1534）重範は大内氏に属して大友義鑑と戦っている。

臼杵氏（うすき） 豊後国海部郡臼杵荘（臼杵市）の国衆。大神惟基の子惟盛が臼杵氏を称したのが祖。鎌倉時代末期に戸次頼時の弟直時が大神姓臼杵氏の養子となって臼杵氏を称し、以後大友氏の庶流となった。以後代々大友氏に仕え、戦国時代の長景・鑑続・鑑速らは加判衆となっている。

大友氏（おおとも） 豊後の戦国大名。系図上では初代能直は源頼朝の落胤（らくいん）となっているが、実際は近藤能成の子で、相模国足柄上郡大友郷（神奈川県小田原市）を領して大友氏を称した。のち中原親能の養子となり、豊後の守護となった。能直と2代親秀の庶子は地頭職を得て豊後を中心に次々と下向、詫磨、一万田、志賀、田原、戸次、野津、滝田など、のちに大友氏の有力家臣となったものが多い。総領家が下向したのは3代頼泰のときで、元寇に備えた文永8年（1271）頃とみられる。6代貞宗は少弐貞経と、鎮西探題北条英時を滅ぼし、建武政権下でも豊後守護を安堵され、貞載は肥前守護となった。南北朝時代は主に北朝に属し、室町時代は豊後守護を世襲、氏時以降は筑後守護も兼ねた。永享年間（1429～41）には持直と親綱の間で家督をめぐる争いが起き、将軍の裁量で親綱が持直を討っている。戦国時代、義長の頃から戦国大名に脱皮、孫の義鎮（宗麟）は筑前・筑後・豊前・豊後・肥前・肥後の守護職と日向・伊予の半国を支配して全盛時代を築き、キリシタンに帰依、天正10年（1582）には少年使節を欧州に派遣した。子義統は豊臣秀吉に従うが、文禄2年（1593）朝鮮・平壌で明軍の攻撃を受けた際に小西行長を見捨てて退却し、改易となった。

木付氏（きつき） 豊後大友氏の庶流。建長2年（1250）大友親秀の六男親重が豊後国速見郡八坂郷木付荘（杵築市）を与えられて木付氏を称し、木付城を築城したのが祖。代々大友氏に仕えた。文禄元年（1592）統直・直清父子が朝鮮出兵に参加したが、鳳山の戦いで直清が討死、さらに主家大友家の改易で統直も自刃。国元にあった鎮直も自刃して滅亡した。

清田氏（きよた） 豊後国大分郡判田郷の国衆。大友氏の一族で、時親の嫡男直時が判田郷の清田城に拠ったのが祖という。鎮忠は大友宗麟に仕えて活躍。妻のジュスタは宗麟の娘で、土佐の戦国大名一条兼定に嫁したのちに鎮忠と再婚した。鎮忠は天正6年（1578）にキリスト教に入信し、1300人の領民がキリシタンになったことがフロイスの『日本史』にみえる。

櫛来（くしく）氏　豊後国国東郡の国衆。同郡櫛来（国東市国見町）を本拠として水軍として活躍した。紀姓か。戦国時代は大友氏の浦部水軍に属した。文禄元年（1592）大友義統が朝鮮に出兵した際には、櫛来土佐守が渡海している。

櫛野（くしの）氏　豊前国宇佐郡の国衆。大友氏の一族。天文年間木付親諸の弟茂晴が櫛野村（宇佐市院内町櫛野）地頭職となり、櫛野弾正忠と称して櫛野城を築城した。大友氏に従う。天正17年（1589）に入部した黒田氏によって城を奪われ、帰農した。

朽網（くたみ）氏　豊後国直入郡の国衆。藤原姓というが、豊後大神姓の大野氏の一族か。直入郡朽網郷（竹田市直入町・久住町）を本拠として山野城に拠り、朽網氏を称して代々大友氏に従っていた。親満は明応6年（1497）から永正8年（1511）まで大友親治・義長の加判衆をつとめていたが、同13年に大友家の家督が義長から義鑑に継承された際に、大友親綱の子宗心を擁立しようとして失敗した。その後、旧臣の古庄氏らが、入田親廉の二男鑑康を養子として迎えて朽網氏を再興、鑑康は大友宗麟・義統の加判衆をつとめた。その後大友氏の豊後南部衆への処遇に不満を持ち、天正14年（1586）の島津氏の豊後侵攻の際に内通している。しかし、翌年豊臣秀吉の九州攻めで島津氏が降伏、子鎮則が大友義統に殺されて滅亡した。

香志田（こうした）氏　豊後国宇佐郡の国衆。田原親種の子種重が深見郷香志田村（宇佐市安心院町）に住んで香志田氏を称したのが祖。鎌倉幕府の御家人。香志田城（宇佐市院内町香下）に拠り、室町時代は当初大内氏、のち大友氏に従い、田原氏に属した。天正17年（1589）の黒田氏の入部で城を奪われた。江戸時代には帰農し、香下氏と改称して大庄屋となった。

財津（ざいつ）氏　豊後国日田郡財津（日田市）の国衆。大蔵姓日田氏の一族で、藤山城（財津城、日田市花月）に拠っていた。財津大和守は日田郡衆を率いて大友氏に従った。天正12年（1584）鎮則が筑後猫尾城攻めで討死している。

佐伯（さえき）**氏**　豊後国海部郡の国衆。豊後大神氏の一族。根拠地の同郡佐伯は「さいき」だが、国衆としての佐伯氏は「さえき」とも「さいき」ともいう。『源平盛衰記』にみえる佐伯三郎維康（惟康）が佐伯氏の祖で、鎌倉時代は御家人となり、室町時代は大内氏に従う。戦国時代には大友氏に仕え、惟治は栂牟礼（とがむれ）城（佐伯市稲垣）を築き本城としたが、菊池義国らと通じたことが露見し、大永7年（1527）大友義鑑に誅伐された。惟教は弘治2年（1556）に伊予国に退去したのち元亀2年（1571）に栂牟礼城に戻り、のち加判衆に列したが、天正6年（1578）の日向高城合戦で嫡子惟真とともに討死。家督は惟真の子惟定が継いだ。文禄2年（1593）に大友氏が滅亡すると、惟定は豊後を離れて伊予宇和島で藤堂高虎に仕え、江戸時代は津藩士となった。

佐田（さだ）**氏**　豊前国宇佐郡の国衆。豊前宇都宮の一族。正応3年（1290）宇都宮通房が佐田荘（宇佐市安心院町佐田）の地頭職を得、正慶2年（1333）頃に頼房の四男公景が、嫡男守綱から佐田荘を譲られて、以後公景の子孫が相伝したのが祖。応永6年（1399）親景のときに荘内の青山に築城して拠り、以後佐田氏を称した。嘉吉元年（1441）盛景のときに少弐嘉頼に攻められた大内教弘を救援したことで大内氏に通じ、大内氏が豊前を支配すると、守護代杉氏のもとで宇佐郡代をつとめた。弘治3年（1557）隆居のときに宇佐衆を率いて大友氏に従い、子鎮綱は大友宗麟のもとで各地を転戦。天正15年（1587）黒田孝高が豊前6郡の領主となると、統景は大友氏を頼って豊後に移住。統綱のときに大友氏が滅亡、江戸時代は熊本藩士となった。

志賀（しが）**氏**　豊後国大野郡の国衆。延応2年（1240）大友能直の八男能郷が大野郡大野荘志賀村（豊後大野市）の地頭職を与えられて志賀氏を称したのが祖。鎌倉時代後期に、嫡流で岡城（竹田市）に拠った北志賀家と、南山城（竹田市）に拠った庶流の南志賀家に分かれた。戦国時代には直入城に拠って大友氏の重臣となり、親守は大友義鎮・義統の加判衆をつとめている。天正14年（1586）の島津氏の豊後侵攻では、北志賀家の親次は岡城を死守したが、南志賀家の道雲（鑑隆）は島津氏に降った。このため南志賀家は大友氏によって滅ぼされている。北志賀家は以後も大友氏の重臣をつとめ、大友氏の改易後、文禄5年（1596）親次は豊臣秀吉から豊後国日田郡で1000石を与えられている。関ヶ原合戦後は福島正則、小早川秀秋を経て、熊本藩士となった。

高田氏（たかだ）　豊後国国東郡の国衆。清和源氏というが不詳。建久7年（1196）大友能直が豊後守護となって下向したとき、重定は能直に従って豊後に下向し、高田村（豊後高田市）を与えられたと伝える。代々高田城に拠って大友氏に属した。文禄2年（1593）大友氏の改易とともに没落した。

田北氏（たきた）　豊後国直入郡の国衆で、大友氏の庶流。大友親秀の七男親泰が直入郡田北村（竹田市直入町）に住んで田北氏を称したのが祖。代々大友氏に従う。戦国時代、親員は松牟礼城（竹田市）に拠り、享禄元年（1528）から天文9年（1540）まで大友義鑑の加判衆をつとめた。子鑑生は速見郡の日差城に拠って大友宗麟の加判衆をつとめ、弘治3年（1557）には秋月氏を討って筑前国を制している。天正6年（1578）大友氏が日向国で島津氏に大敗した際に鎮周が討死。同年兄紹鉄も謀反を疑われて熊牟礼城で挙兵、同8年に討死して田北氏は一旦滅亡した。同年吉弘統幸の弟の統員が田北氏を継いだ。大友氏滅亡後は細川氏に仕え、江戸時代は熊本藩士となった。

田原氏（たわら）　豊後国国東郡の国衆。「たはら」ともいう。藤原北家秀郷流。大友義直の十二男泰広が同郡田染郷田原（杵築市大田）に住んで田原氏を称したのが祖。のち嫡流で沓掛城（杵築市）に拠る沓掛田原氏と、庶流で今市城（国東市）に拠った武蔵田原氏の2流に分かれた。以後国東半島に勢力を持ち、南北朝時代に直貞は足利尊氏に従って全盛期を迎えた。室町時代には大友氏に従っていたが、親宗が大友氏の本拠地府内を攻めるなど、しばしば大友氏に叛いている。戦国時代、嫡流の親貫は再び大友氏に叛いて安岐城に籠城したが落城、大友宗麟の二男親家が家督を継いだ。一方、庶流武蔵田原氏の親賢（紹忍）は甥の義統が大友氏を継いだことから、大友家中の実力者となったものの、耳川合戦を指揮して大敗し失脚。大友氏の改易後、親賢は岡城の中川氏に従ったが、臼杵城主太田氏との戦いで討死し、滅亡した。

津久見（つくみ）**氏**　豊後国海部郡臼杵荘津久見村（津久見市）の国衆。水軍を率いて大友氏に仕えた。大友義鑑の加判衆をつとめた常清が著名。天文19年(1550)の大友氏の内訌（大友二階崩れ）では、津久見美作守が、大友館二階で義鑑の子塩市丸を殺害してその場で討たれている。

時枝（ときえだ）**氏**　豊前国宇佐郡の国衆。応永年間（1394～1428）山城国八幡（京都府八幡市）の慶安寺から豊前弥勒寺（宇佐市）の寺務役となり、時枝城を築城して拠ったのが祖という。以後、代々弥勒寺寺務職の傍ら、武士として大友氏に属した。また、宇佐神宮の大宮司宮成家とも縁戚関係にあった。天正7年(1579)には大友氏に叛き、同9年と10年には大友氏と戦っている。豊臣秀吉の九州征服後は黒田氏に従った。

富来（とみく）**氏**　豊後国国東郡の国衆。建久7年(1196)永井実貞が同郡富来（国東市国東町）に下向して富来氏を称した。代々富来城に拠る。戦国時代は大友氏に仕えた。天正6年(1578)実直・実信父子が耳川合戦で討死。20代統長のときには大友氏が滅亡し、富来氏も没落した。

中間（なかま）**氏**　豊前国下毛郡の国衆。一ツ戸城（中津市）に拠る。宇都宮氏に属していたが、天正16年(1588)黒田孝高の中津入封の際、中間統種は黒田氏に内通して宇都宮氏の籠城する山田城を落城させた。のち筑前国上座郡の松尾城（福岡県朝倉郡東峰村小石原）城主となる。

野上（のがみ）**氏**　豊後国玖珠郡の国衆。豊後清原氏の庶流で、名字の地は同郡飯田郷野上（玖珠郡九重町野上）。南北朝時代は南朝に属して大友氏と争ったが、室町時代には大友氏に従った。戦国時代は野上城に拠る。天正14年(1586)島津義弘の豊後侵攻の際、一族の内応があって落城した。

野中（のなか）**氏**　豊前国下毛郡の国衆。宇都宮氏の庶流。「野仲」とも書く。建久9年(1198)重房が野仲郷（中津市）を領して野仲氏を称したのが祖。代々大内氏に属して長岩城（中津市）に拠って下毛郡代をつとめていたが、大内氏の滅亡後豊前に侵攻してきた大友氏に敗れて、その家臣となった。天正7年（1579）大友氏の衰退を機に独立、下毛郡を支配したが、同16年新たに入部した黒田氏に抗して滅亡した。

狭間氏（はざま）　豊後国大分郡の国衆。大友親秀の四男直重が文永の役の恩賞として大分郡阿南庄松富名（由布市挾間町）を与えられて土着。同地は狭間村とも呼ばれたため狭間氏を称した。元弘3年（1333）4代政直は鎮西探題攻めに参陣して本領を安堵され、さらに豊前国御沓村（宇佐市）の地頭職を得ている。南北朝時代以降は、代々権現岳城（由布市庄内町）に拠って、大友氏に従った。明応年間に大友氏が豊前に進出した際には、規矩郡の代官をつとめている。天正15年（1587）鎮秀のとき豊後に侵攻してきた島津家久に降り、翌年これを理由に大友氏に誅された。

戸次氏（べっき）　豊後大友氏の庶流。「へつぎ」ともいう。豊後国大分郡戸次荘（大分市）を本願とする大神姓の戸次氏がいたが、大友親秀の二男重秀が戸次惟澄の養子となり、以後大友氏の庶流となった。豊後各地に庶流を出し、嫡流の貞直は、蒙古合戦を機に置かれた鎮西探題の引付衆となった。南北朝時代は北朝に属した。室町時代は津賀無礼城（竹田市）に拠ったが次第に低迷、戦国時代に鑑連（道雪）が大友氏の加判衆となって復活した。元亀2年（1571）鑑連は立花氏の名跡を継いで、立花道雪となった。このため、戸次氏の所領は鑑連の甥の鎮連が継ぎ、天正14年（1586）の島津氏の侵攻で滅亡した。

松木氏（まつき）　豊前国宇佐郡の国衆。清原姓。戦国時代は大友氏に従い、天文元年（1532）宗氏が糸長氏を降して畳石城（宇佐市安心院町）城主となった。大友氏の滅亡後は黒田如水に従ったが、江戸時代は帰郷して大庄屋となった。

名門 / 名家

◎中世の名族

大友氏（おおとも）

豊後の戦国大名。相模国足柄上郡大友郷（神奈川県小田原市）発祥。系図上では、初代能直は源頼朝の落胤（らくいん）となっているが、実際は近藤能成の子で、後中原親能の養子となり、豊後の守護となった。初代能直と二代親秀の庶子は地頭職を得て、豊後を中心に次々と下向。総領家が下向したのは3代頼泰の時で、元寇に備えた1271（文永8）年頃とみられる。

6代貞宗は少弐貞経と、鎮西探題北条英時を滅ぼし、建武政権下でも豊後守護を安堵され、貞載は肥前守護となった。1335（建武2）年足利尊氏が叛旗を翻すと、後醍醐天皇の命で新田義貞に従って尊氏追討軍に加わるが、間もなく尊氏方に転じ、南北朝時代は主に北朝に属した。室町時代は豊後守護を世襲、氏時以降は筑後守護も兼ねた。永享年間（1429～1441）には持直と親綱の間で家督をめぐる争いが起き、将軍の裁量で親綱が持直を討っている。

戦国時代、義長の頃から戦国大名に脱皮、孫の義鎮（宗麟）は筑前・筑後・豊前・豊後・肥前・肥後の守護職と日向・伊予の半国を支配して全盛時代を築き、キリシタンに帰依、1582（天正10）年には少年使節を欧州に派遣した。子義統は豊臣秀吉に従うが、93（文禄2）年朝鮮・平壌で明軍の攻撃を受けた際に小西行長を見捨てて退却し、改易となった。99（慶長4）年その罪は許されたものの、翌年の関ヶ原合戦では西軍に呼応して豊後で挙兵、黒田如水に敗れた。

その後、長男の義乗は徳川家康に仕え、常陸国筑波郡で3000石、武蔵国牛込で300石の計3300石を知行した。関ヶ原合戦後、子義親は2代将軍秀忠に仕えたが、1619（元和5）年27歳で跡継ぎのないまま死去して断絶した。

◎近世以降の名家

板井家（いたい）

豊後国竹田城下（竹田市）で但馬屋と号した和菓子の老舗。初代幸助は但馬国豊岡（兵庫県豊岡市）の生まれで、京都・駿河屋で修業した後、1804年（文化元）岡藩主の招きで竹田城下に転じて但馬屋と号した菓子商を創業した。以後岡藩御用達をつとめ、4代目までは代々幸助を称している。現在も田島屋老舗として菓子商を営む。

到津家（いとうづ）

宇佐神宮大宮司。宇佐公世の末子公連が、南朝方から豊前国企救郡到津荘（福岡県北九州市小倉北区）の地頭に任じられて総領家から独立し、到津氏を称したのが祖。南北朝時代は南朝方の大宮司をつとめ、南北朝の合一後は宮成氏と共に大宮司をつとめた。永禄年間、大友宗麟の宇佐宮焼討ちで到津荘に逃れたが、江戸時代になって宇佐に戻った。1884（明治17）年公誼（きみよし）の時に男爵となる。神官の世襲制度が廃止された後も、代々宇佐神宮の神官をつとめている。

稲葉家（いなば）

臼杵藩主。伊予河野氏の出という。戦国時代は美濃国の国衆で、土岐氏に仕えていた通則は1525（大永5）年浅井亮政と戦い石津郡牧田で子五人と共に討死したことから、僧籍に入っていた六男良通（一鉄）が還俗して家を継いだ。

良通は氏家卜全・安藤守就と共に西美濃三人衆と呼ばれた。67（永禄10）年他二人と共に織田信長に内通して斎藤氏滅亡のきっかけをつくり、以後は織田信長に仕えて各地に転戦、本能寺の変の後は豊臣秀吉に従った。子の貞通は関ヶ原合戦では初め西軍に属して犬山城に拠っていたが、直前に東軍に転じて近江水吉城を攻略。江戸時代は臼杵藩5万石の藩主となった。1884（明治17）年久通の時に子爵となる。

大給家（おぎゅう）

豊後府内藩（大分市）藩主。大給松平氏の庶流。大給家乗の家老をつとめていた近正が、1590（天正18）年の関東入国の際に御家人となって上野三ノ倉（群馬県高崎市倉渕町）で5500石を領したのが祖。1600（慶長5）年関ヶ原合戦では近正は伏見城を守って戦死、子一生が下野板橋藩1

万石を立藩した。以後、17（元和3）年三河西尾2万石、21（同7）年丹波亀山、34（寛永11）年豊後亀川、35（同12）年豊後中津留を経て、58（万治元）年忠昭の時に豊後府内藩2万2200石に入封した。幕末、近説は寺社奉行、若年寄を歴任、1868（慶応4）年に大給氏と改称した。84（明治17）年近道の時子爵となる。近道の子近孝は貴族院議員、その孫の近達は国立民族学博物館教授をつとめた。

奥平家（おくだいら）

豊前中津藩主。上野国甘楽郡奥平（群馬県高崎市吉井町）発祥で児玉党奥平氏の一族というが、村上源氏赤松氏の一族が児玉党に入婿したのが祖とも伝え、詳細は不詳。代々三河国設楽郡作手（愛知県新城市作手）を領して、同郡内の菅沼氏らと共に山家三方衆と呼ばれた。

1590（天正18）年家康の関東入国に際して信昌は上野小幡（群馬県甘楽郡甘楽町）で3万石を与えられた。関ヶ原合戦後、1601（慶長6）年美濃加納10万石に入封したが、間もなく加納を菅沼忠政に譲り、宇都宮10万石に転じる。以後、19（元和5）年下総古河、22（同8）年宇都宮、68（寛文8）年山形、85（貞享2）年宇都宮、97（元禄10）年丹後宮津を転々として、1717（享保2）年昌成の時豊前中津10万石に入封した。維新後、昌邁（まさゆき）は東京府議、芝区長などを歴任、1884（明治17）年には伯爵となる。

木下家（きのした）

豊後日出（ひじ）藩主。木下家定の三男延俊が秀吉に仕えて、播磨国三木郡で2万石を与えられた。関ヶ原合戦では東軍に属し、小野木重次の丹波福知山城を落城させ、1601（慶長6）年豊後日出藩3万石を立藩。42（寛永19）年、遺領のうち俊治は2万5000石を継承した。1884（明治17）年俊哲の時に子爵となった。

木下家（きのした）

交代寄合。1642（寛永19）年木下延俊の四男延次（延由）が、父の遺領のうち豊後国速見郡で5000石を分知されて立石（杵築市山香町立石）に住み、交代寄合となったのが祖。同家には、延次は実は豊臣秀頼の遺児国松である、という口伝が伝わっているという。

行徳家（ぎょうとく）

豊後国日田郡夜明（日田市夜明関町）の旧家。桓武平氏熊谷氏の末裔と伝える。元は筑後国竹野郡行徳村（福岡県うきは市）の大庄屋だったが、五代元育の時眼科医となり、江戸時代中期からは久留米藩の典医となった。元亮は大坂で学んだ後、二男だったことから1824（文政7）年に分家して豊後国関村で眼科医を開業。その二男元遂（げんずい）は公益事業家としても知られ、広瀬淡窓の眼の治療も行っている。同家住宅は国指定重要文化財で、向かいには行徳家住宅資料館がある。

草野家（くさの） 豊後国日田郡豆田町（日田市豆田町）で枡屋と号した豪商。筑後国の国衆草野氏の末裔という。日田に移り住み、製蠟業の傍ら庄屋をつとめた。また天領の御用達商人でもあり、名字帯刀を許されていた。同家住宅は国指定重要部文化財である。

久留島家（くるしま） 豊後森藩（玖珠町）藩主。瀬戸内海の村上水軍三家の一つ来島村上氏の末裔。通総は主家河野氏と対立して、1582（天正10）年豊臣秀吉に転じた。以後来島氏と改称、秀吉の四国攻めの後は伊予風早で1万4000石を領した。通総の子長親は、関ヶ原合戦の際当初西軍に属したため所領を没収されたが、正室の伯父福島正則らの取りなしで、1601（慶長6）年内陸の豊後森（玖珠町）1万4000石で再興した。16（元和2）年通春の時に久留島家と改めた。

幕末、通靖は藩論を尊王攘夷にまとめて戊辰戦争では官軍に参加、跡を継いだ弟の通簡が1884（明治17）年子爵となる。児童文学者久留島武彦は9代藩主通容の孫に当たる。その女婿秀三郎は、作家の傍らボーイスカウト日本連盟総長としても著名。

小手川家（こてがわ） 臼杵城下（臼杵市）の酒造業。フンドーキン醤油の創業家。江戸時代は代々臼杵で酒造業を営んでいた。幕末の当主常次郎の弟金次郎は、空いている麹室を使用して醤油・味噌の製造を始め、1861（文久元）年に代屋と号して分家、「小手川商店」を創業した。跡を継いだ甥の2代目金次郎は西日本各地に販路を広げ、1939（昭和14）年登録商標を分銅と金次郎の「金」にちなんでフンドーキン醤油と改称、67（同42）年には社名もフンドーキン醤油株式会社と改称した。

後藤家（ごとう） 杵築城下（杵築市）で大谷屋と号した料亭。1698（元禄11）年創業。鯛茶漬けで有名で、杵築藩主が食べた際に「うれしいのぅ」と口にしたことから、品名が「うれしの」になったという。明治維新に際して、藩主から「若く栄える」という意を込めた「若栄屋」という屋号を新たに賜って改称した。現在は16代目である。

財前家（ざいぜん）

豊後国国東郡小野村（杵築市大田小野）の旧家。紀姓で財前美濃守の末裔と伝える。同地にある財前家墓地には国東塔・五輪塔・宝篋印塔・板碑など100余基の石塔類があり、最大の国東塔1基が財前家宝塔として国の重要文化財に指定され、残りは県指定史跡である。

千原家（ちはら）

豊後国日田郡豆田（日田市豆田町）で丸屋と号した豪商。筑後国の蒲地氏の出で、同国三井郡千原村に住んだのが祖という。江戸時代初期に豊後国城内村に移り住み、分家が豆田町で酢・醤油の醸造を始めて成功した。後天領日田代官所の掛屋として名字帯刀を許され、小倉藩・森藩の御用達もつとめた。幕末から明治にかけて書家として知られた千原夕田は同家の三男に生まれている。

中川家（なかがわ）

豊後岡藩（竹田市）藩主。清和源氏頼光流という。戦国時代は摂津国島下郡の茨木城（茨木市）城主で、清秀は池田勝正に属していた。後織田信長に仕えて荒木村重に従い4万石を領した。

その子秀政は豊臣秀吉に仕えて播磨三木城に拠り、1594（文禄3）年豊後岡7万石に移ったが、文禄の役で戦死。関ヶ原合戦で秀成は東軍に属したが、豊後国石垣原（別府市）合戦での行動が徳川家康の不審を招いたため、西軍の臼杵城主太田一吉を攻めて誤解を解き、以後も豊後岡7万440石の藩主となった。鉱山開発に力を注いだ他、熊沢蕃山の意見を入れた井路の整備が注目される。1884（明治17）年久成が伯爵となる。現在の当主久定はフランス文学者で、京都大学教授、京都国立博物館館長をつとめた。

広瀬家（ひろせ）

日田郡豆田（日田市）の豪商。武田信玄の家臣だった広瀬郷左衛門の弟正直の子孫という。1673（延宝元）年に初代貞昌が博多から豊後国日田郡豆田魚町に移り、堺屋と号する商人となったのが祖。後博多屋と改称し、質屋の他、蠟・油・紙などを扱った。3代久兵衛の頃から豪商となり、久兵衛は桃之と号して俳人としても活躍した。4代平八の時に府内藩御用達となる一方、月化と号した俳人であるなど、以後一族は俳人としても知られた。

咸宜園（かんぎえん）を開いた淡窓は5代三郎衛門の長男だが家を継がなかったため、弟の久兵衛が6代目を継ぎ、宇佐・国東の新田を開発。福岡藩・府内藩・対馬藩の財政改革にも参画している。久兵衛の弟謙吉（旭荘）は咸宜園2代塾主をつとめる傍ら、藩主大給近説の教育係をつとめ、その後は大坂で塾を開いた。

帆足（ほあし）家

日出藩家老。豊後国玖珠郡帆足郷（玖珠町帆足）発祥。豊後清原氏の一族。戦国時代鎮永は大友宗麟に属した。子兼永の時に日出藩士となり、五代通文は1796（寛政8）年家老に登用された。通文の子が、博覧強記といわれた学者帆足万里で、万里も日出藩の家老をつとめている。

松平（まつだいら）家

杵築藩主。能見松平家の子孫。重勝は徳川家康に仕え、関ヶ原合戦後松平忠輝の付家老として越後三条で2万石を領した。忠輝の改易後は幕臣に戻り、1617（元和3）年下総関宿藩2万6000石を立藩、19（同5）年遠江横須賀に転じた。

以後、22（元和8）年出羽上山4万石、26（寛永3）年摂津三田3万石、32（同9）年豊前竜王3万7000石、42（同19）年豊後高田3万7000石を経て、45（正保2）年英親の時豊後杵築藩主となった。重栄は寺社奉行をつとめている。1884（明治17）年親信の時に子爵となり、貴族院議員をつとめた。その子親義は大分大学教授をつとめた。

毛利（もうり）家

佐伯藩主。近江国愛知郡鯰江城（滋賀県東近江市）の城主だった鯰江氏の末裔。子孫は森氏を称し、森高政の時豊臣秀吉に仕えて備中高松城攻めの際に豊臣方の人質として弟吉安と共に毛利輝元に預けられ、以後毛利氏と改称した。

1587（天正15）年豊後国で2万石を領し、関ヶ原合戦では西軍に属して丹波田辺城攻めに参加したが、後東軍に転じて所領を安堵され、1601（慶長6）年豊後佐伯2万石に転じた。1884（明治17）年高範の時に子爵となった。

博物館

大分県立歴史博物館
〈熊野磨崖仏のレプリカ〉

地域の特色

大分県は、北側沿岸の周防灘から国東半島、別府湾にかけて瀬戸内的な風土で、南部は伊予灘や豊後水道のリアス式の海岸で構成されている。別府温泉や由布院温泉、九重温泉など多くの温泉街があり、源泉総数、湧出量ともに日本一である。西部には九州最高峰の九重連山、南部には祖母山・傾山がそびえ、平野部は北部の中津平野、中部の大分平野、南部の佐伯平野など限られた地域に分布している。温暖な気候と海や山などの豊かな自然に恵まれ、新鮮で安全な食材は一村一品運動で知られ、豊後牛、カボス、しいたけ、関あじ、関さばなどのブランドも多い。古くは豊の国と呼ばれ、7世紀の終わり頃、豊前・豊後の二国に分けられた。8世紀には宇佐八幡宮が全国4万社の八幡の総本宮として栄え、国東半島には「六郷満山」と呼ばれる独自の仏教文化が花開き、国宝臼杵石仏をはじめ磨崖仏や石橋などの歴史的文化遺産などが多い。13世紀の初め豊後には大友氏が守護として入国し、以後約400年間統治が続いた。その後約300年間、小藩分立の時代が続き、中津、杵築、日出、大分、臼杵、佐伯といった海辺の城下町には旧藩時代のたたずまいが残り城下町文化が花開いた。高度成長期に大分市が新産業都市の指定を受けて大分臨海工業地帯が形成された。近年は大分市や国東半島の大分空港周辺に電子工業などの立地が進み、隣接する福岡県東部とともに自動車関連企業が集積している。

主な博物館

大分県立歴史博物館　宇佐市大字高森字京塚

史跡公園「宇佐風土記の丘」に1981（昭和56）年に開設された。前身は県立宇佐風土記の丘歴史民俗資料館で98（平成10）年に県の文化財保護研究センターとして活動していた。その後、文化財愛護の高揚に努め歴史や文化を学習する場を提供し、文化財の保存活用と展示内容の刷新と文化財の収蔵・保存スペースを拡充し、館名を現称に改め再開した。常設展示は「豊の国おおいたの歴史と文化—くらしと祈り—」をテーマに、熊野磨崖仏、鏝絵、富貴寺大堂の世界、生死・いのり、豊の古代仏教文化、宇佐八幡の文化、六郷山の文化、広がる仏教文化、信仰とくらしで構成している。大日如来像のレプリカは県北部を代表する磨崖仏で、県北の磨崖仏としては例外的に大型で、富貴寺の大堂復元模型では本尊の阿弥陀如来坐像と後ろに描かれた極楽浄土壁画の拝観で極楽の世界が体験できるつくりになっている。豊の古代仏教文化では19カ寺の寺院が建てられた古代豊の地の仏教文化と、その後登場する八幡信仰の下地となる信仰風土を紹介している。

大分市歴史資料館　大分市国分

大分のあけぼのから近世までの通史資料、民俗資料の収集と展示のため、豊後国分寺跡史跡公園として整備された豊後国分寺跡に隣接し1987（昭和62）年に開館した。常設展示では、隣接する豊後国分寺を中心とした旧石器時代から古代、大友氏を中心とした中世から近世の大分市の歴史資料を二つの展示室で構成している。黒曜石が収められカゴは縄文時代で、日本最古のカゴとされる。土師器は、底部の裏面に「尼□　尼寺　天長九」と書かれ、豊後国分尼寺の存在を証明する史料である。この他、十二月言葉手鑑は、大友義統が「源氏物語」から12カ月の各月にちなむ一節を料紙に清書した書で大友氏の古典への造詣を示す。府内古図は、江戸時代の1581（天正9）～86（同14）年頃の豊後府内（現在の大分市）の絵図で、大友館、万寿寺、デウス堂などが描かれている。ホールには豊後国分寺七重塔の10分の1の復元模型が展示され、史跡、文化財に関する情報を提供するコーナー、パソコン学習コーナーを設けている。

大分マリーンパレス水族館うみたまご　大分市高崎山下海岸

野猿公苑で知られる大分市高崎山自然動物公園の下の海岸にあり、愛称「うみたまご」として2004（平成16）年にリニューアル開業した。セイウチやアザラシのパフォーマンス、あそびーちでのイルカとの接近交流など、自然や動物との直接のふれあいを重視した飼育展示が注目されている。前身のマリーンパレスは1964（昭和39）年に開館し、外周61メートルのドーナツ型潮流式回遊水槽、海女の餌付け、イシダイの条件付け実験なども世界に先駆けて開発した。回遊水槽で自然産卵させたシマアジの種苗生産にも事業ベースで取り組み、日豊海岸のサンゴ群落の調査、杵築湾のカブトガニの調査、目と手で見る魚の国（盲人用施設）、移動水族館、解説員制度など、先進的な研究や教育活動でも知られる。現在、大分県津久見市に「つくみイルカ島」を設けてイルカの繁殖研究にも積極的に取り組んでいる。

九州自然動物公園アフリカンサファリ　宇佐市安心院町南畑

1975（昭和50）年に宮崎県佐土原町（現宮崎市）に国内で初めてできた宮崎サファリパークに次ぎ、76（昭和51）年に開園した国内最大級のサファリパーク形式の動物園である。約70種1,300頭の動物が、山岳、草原、岩場、林間、水辺、砂場の六つの環境を組み合わせて飼育されている。約6キロメートルのサファリロードを自家用車、ジャングルバスに乗車して観察する「動物ゾーン」、ウサギやモルモットなどとのふれあいを楽しめる「ふれあいゾーン」のエリアからなる。「生態環境の再現」と「本来持つ生態」を展示のコンセプトに、野生動物が自然に棲む姿を観察することができるよう「生態環境の再現（例えば冬ごもり）」や、動物たちが「本来もつ生態（例えば昼行性と夜行性、棲み分け、移動）」を生かせるように工夫されている。

鯛生金山地底博物館　日田市中津江村合瀬

鯛生金山は1894（明治27）年に金鉱が発見され、98（明治31）年に採掘が始められた。1938（昭和13）年に全盛期を迎え72（昭和47）年に閉山した。閉山までの80年間で金約40トン、銀約160トンを産出し、東洋一の黄金郷と謳われた歴史をもつ。これらの歴史や採掘の様子を再現するため、83（昭和58）年に地底博物館としてよみがえり、約800メートルの坑道に金山の軌跡をたどることができる。異の地底「深」の体験では、LEDライトアップやグラフィックで当時の情報を再現している。金鉱石を満載した鉱車を連結し、平坑道から立坑プラットまで運んだバッテリー機関車を展示、510メートルの立坑は上から覗いて深さを実感できる。金山初期の機械導入前の様子、コールピックでの作業、上向き穿孔なども再現されている。砂の中から皿を振って砂金の粒を探す「ゴールドハンティング」では、見つけた砂金をホルダーに入れ幸運のお守りとして持ち帰ることができる。

大分香りの博物館　別府市北石垣

香りをテーマにした博物館で、前身の「大分香りの森博物館」が1996（平成8）年から2004（平成16）年まで大分市野津原町の平成森林公園に設置され、その後07（平成19）年に、別府大学の創立100周年を記念して3,625点の展示資料を移し開館した。「香りプロダクトギャラリー」では香料の紹介や調合方法の解説、世界の香水を展示し、一部の香料や香水は試嗅することができる。「香りヒストリーギャラリー」ではアジアや西ヨーロッパ、オリエントなど世界から集めた蒸留器や香炉、香水瓶など香りにまつわる資料を系統的に展示し、香りを医学や薬学の視点から捉えた研究資料の展示も行う。また、オリジナル香水づくりやアロマ体験ができる。なお、別府大学には1954（昭和29）年に開設された歴史系の附属博物館があり、考古資料を主体とした収蔵・展示も行っている。

日田祇園山鉾会館　日田市隈地区寺町

1988（昭和63）年に、天領日田資料館（豆田地区町並み保存運動の拠点として設立された歴史資料館。日田の江戸期民俗文化および天領に関する展示を行っている）の姉妹施設として開業した。高さ8メートルの旧上横町の飾り山鉾1基を中心に、隈・竹田地区の山鉾4基、平成山鉾1基の計6基が常時展示されている。日田祇園祭に関する器具や資料などが展示されており、吹き抜けからは1階に展示してある山鉾を見下ろすことができる。日田祇園祭は、400余年前から続く曳山行事を含む厄除け神事で、京都府京都市の祇園祭を手本とした祇園祭の一つ。豆田地区の豆田八阪神社、隈地区の隈八坂神社、竹田地区の竹田若八幡宮で行われている。

野上弥生子文学記念館　臼杵市浜町

野上弥生子の代表作には『海神丸』『真知子』『迷路』『秀吉と利休』などがあり、女性として2番目に文化勲章を受け、臼杵市名誉市民の第一号にも推薦された。野上の生家（小手川酒造株式会社）の一部を改修し1986（昭和61）年に記念館として開館。夏目漱石からの書簡や、弥生子の幼少の頃から亡くなるまでの遺品約200点を展示している。少女時代の勉強部屋も見学できる他、小手川酒造の蔵元が隣接しており併せて見学できる。

名　字

〈難読名字クイズ〉
①安心院／②孔井／③永星／④御鱗／⑤魚返／⑥曜日／⑦神尊／⑧古我城／⑨銅直／⑩大戸／⑪刎／⑫洞ノ上／⑬卍山下／⑭己年後／⑮孔

◆地域の特徴

大分県の名字は他の九州各県とは大きく異なっている。九州全体に多い田中、山口、中村をはじめ、北九州に多い古賀、松尾、南九州に多い山下、坂元などもベスト10には全く登場しない。

県内で最多の名字は西日本では珍しく佐藤で、しかもその比率は人口の3%を超える高い値を示している。西日本では徳島県や岡山県でも佐藤が多いが、この2県での佐藤さん率はともに1%強なので、大分県での佐藤さんの集中ぶりは目立っている。

2位も東日本に多い後藤。実数は佐藤の6割程度でしかないが、それでも人口比は2%近くもあり全国で最も高い。以下も、3位渡辺、4位小野と東日本に多い名字が並んでいる。

さらに、工藤、首藤、衛藤、伊藤、加藤、江藤、安藤といった「藤」で終わる名字が並んでいるほか、高橋や阿部がベスト10に入るなど関東地方の名字構成に似ている。

名字ランキング（上位40位）

1	佐藤	11	田中	21	加藤	31	山田
2	後藤	12	首藤	22	江藤	32	姫野
3	渡辺	13	井上	23	橋本	33	麻生
4	小野	14	山本	24	安藤	34	中野
5	河野（かわの）	15	衛藤	25	梶原	35	藤原
6	安部	16	吉田	26	松本	36	坂本
7	工藤	17	矢野	27	中村	37	足立
8	高橋	18	伊藤	28	森	38	安東
9	阿部	19	三浦	29	阿南	39	大塚
10	甲斐	20	川野	30	河野（こうの）	40	中島

40位以内では、29位阿南、32位姫野が大分県独特。いずれも他県では全く上位には入らない。

それ以下では、71位吉良、72位板井、73位羽田野、74位穴井、75位岩尾、91位三重野なども大分県特有の名字。

羽田野は豊後大野市に集中しており、大分市と竹田市を合わせた3市に県全体の9割以上がある。穴井の全国の半数以上が大分県にあり、日田市・玖珠町。九重町に激しく集中している。岩尾は豊後高田市の地名がルーツ。古くは岩男と書き、現在は漢字が岩尾に変化していることから、大分県には岩尾・岩男ともに多い。

101位以下には独特の名字が多く、幸、釘宮、野上、荒金、財津、染矢、秦、御手洗、利光、生野、塩月、小手川、芦刈、江田、加来などがある。

このうち、幸は全国の約半数が大分県内にある名字で、県内ではほぼ「ゆき」と読む。県外では鹿児島県の奄美地方や関西に多いが、ここでは「みゆき」が主流で、徳之島では「こう」とも読む。

秦は大分県以外では「はた」、生野は県外では「いくの」と読み、「しん」「しょうの」は大分県独特の読み方。江田も大分県以外では「えだ」と読む。

● 東日本の名字が多い理由

大分県の名字が関東地方の名字と似ていることには、歴史的な背景がある。

平安時代、豊後国に大神氏という武士団がいた。かつては宇佐神宮宮司の一族といわれていたが、現在では9世紀末頃に豊後介となった大神良臣の末裔とされている。系図では祖母嶽大明神を祖とし、三輪信仰の影響を受けている。

平安末期には、大神氏は豊後国府付近を本拠として日向国北部にまで一族が広がり、多くの荘園の荘官や、郡司、郷司といった役職を務めるなど在庁官人として大きな勢力を有していた。有名な国東半島の磨崖仏も大神氏のもとでつくられたものだ。

寿永2(1183)年、木曽義仲によって京を追われた平家は、筑紫の大宰府に落ちて来た。当時、筑前・筑後・豊前の北部九州は平家方で占められていたことから、後白河法皇は藤原頼経を通じて、豊後大神一族の緒方氏に平家追討を命じた。緒方惟栄はこれに応じて大宰府を攻め落とし、平家は九州を逃れて讃岐屋島に転じたのだ。惟栄は、さらに平家方に属していた宇佐神宮も攻め、さらに頼朝に追われた義経にも加担している。

鎌倉幕府が成立すると、頼朝は宇佐神宮乱入の罪で緒方惟栄を流罪としたが、実際には惟栄が源義経に加担したのが理由だった。

こうして、西国では珍しく豊後国は頼朝の直轄地となった。そして、豊後一帯に強大な勢力を持っていた大神一族は没落し、代わって頼朝の側近である藤原季光や中原親能が派遣された。やがて、親能の養子となっていた大友能直(よしなお)が守護として豊後に入部。大友氏は大神氏の勢力を駆逐して、自らの勢力を広げていった。その結果、豊後には関東の地名を名乗る武士が支配するようになった。

戦国時代が終わると、再び地元国衆を多く抱えた大友氏が滅亡。江戸時代、大分県域には大大名はおらず、小藩が分立した。その藩主たちの多くは東国武士の末裔で、家臣を引き連れて来国し、住み着いた。

こうして、今でも大分県の名字は西日本にもかかわらず、関東のような名字構成になっている。

●地域による違い

地域別にみると、大分市付近では圧倒的に佐藤が多く、次いで後藤、河野、小野が目立ち、県全体の傾向と似ている。ただし、大分市に合併した旧佐賀関町では姫野が最多で、現在では姫野の85%は大分市に集中している。この他では、日出町の笠置、杵築市旧山香町の岩尾などが特徴。

国東半島地区では地域によって名字が大きく違い、かつてこの地域にあった旧10市町村でも、旧安岐町（国東市）と旧大田村（杵築市）が河野だった以外はすべて違っていた。とくに、姫島村では大海(だいかい)という珍しい名字が最多となっているほか、旧真玉町（豊後高田市）では土谷、旧国見町（国東市）で国広、旧国東町（国東市）で吉武が最多だった。独特の名字には、豊後高田市の米光(よねみつ)、隈井、国東市の岐部(きべ)、萱島(かやしま)、幸松(こうまつ)、相部などがある。

豊前地区も全体的に多い名字は少なく、渡辺、佐藤、田中といった全国的な名字が広がる。独特の名字には中津市の友松、宝珠山(ほうしゅやま)などがある。

日田地方では梶原、河津、佐藤、穴井が多く、玖珠郡の玖珠・九重両町ではともに佐藤が最多。旧天瀬町（日田市）の江田、旧大山町（日田市）の矢羽田・矢幡(やばた)、三笘(みとま)、玖珠町の梅木、宿利(しゅくり)、九重町の時松も独特。

県南部も佐藤や後藤が多いが、平成合併前にはこの地域には小さな町村がたくさんあり、旧上浦町（佐伯市）では森崎、旧鶴見町（佐伯市）で成松、旧朝地町（豊後大野市）で羽田野が最多となっていたなど、独特の名字も多かった。主なものには佐伯市の五十川、佐保、森竹、三股、臼杵市の姫嶋、豊後大野市の日小田（ひおだ）などがある。

●読みや漢字の分かれる名字

大分県の名字の特徴は、同じ漢字で読み方の分かれる名字や、同じ読み方でも漢字が違う名字が多いことだ。

なかでも、「あべ」は6位に安部、9位に阿部とベスト10に同じ読み方の名字が入っている。ともに大分市から県北部にかけて集中しているが、どちらかというと阿部は国東半島に多く、安部は国東半島から宇佐市にかけて広がっている。

「えとう」もベスト40に2つ入っている。全国的には江藤と書くのがほとんどだが、大分では6割強が衛藤と書き15位、一方の江藤も22位。江藤は全県に広く分布する一方、衛藤は大分市や大野郡などに多い。また、全国の衛藤さんの過半数は県内に在住している。

さらに、「あんどう」も24位に安藤、38位に安東が、「いとう」は18位に伊藤、41位に伊東が、「あだち」は37位に足立、121位に安達が入る。大分独特の名字である赤嶺、小手川、加来も、それぞれ赤峰、古手川、賀来と書くことも多い。

これとは逆に、河野は県内で「こうの」と「かわの」の両方の読み方が多い。河野は愛媛県発祥の名字で、愛媛県や広島県では「こうの」、徳島県や宮崎県では「かわの」が多いなど、県によってどちらかに偏っているのが普通。しかし、大分県では、県北部で「こうの」、大分市から南部にかけては「かわの」が多いため、全県的には「かわの」が5位、「こうの」が30位と、ともにベスト30に入っており、これも全国唯一。さらに20位には川野も入っている。この他、秦が「しん」と「はた」、菅が「かん」と「すが」、中谷も「なかたに」と「なかや」に分かれている。

もう一つの大きな特徴は、「古」で始まる名字を「こ～」と読むことが多い、ということだ。たとえば、古屋という名字は全国に広く分布しているが、そのほとんどは「ふるや」。しかし、大分県では9割近くが「こや」で、「ふるや」は少数派。熊本県を中心に大分県・福岡県と合わせた3県に集中している古庄も、他の2県はほとんどか「ふるしょう」なのに対して、県内では4分の1が「こしょう」である。これ以外にも、古城（こじょう）、古長（こちょう）、古本（こもと）、古（こ）

山など、「古」を「こ」と読む名字は多い。

◆大分県ならではの名字

◎阿南（あなん）

豊後国大分郡阿南郷（由布市）をルーツとする名字で、豊後大神氏の一族。鎌倉時代に惟家が大友能直に敗れて波来合に逃れ、以後しばらく波来合氏を称した。その後、大友氏の家臣となって阿南氏に復した。読みは「あなみ」ともいい、どちらが本来のものであるかは不明。ただし、同じ地域に「穴見」も多いことから、「あなみ」が本来の読み方である可能性が高い。現在でも大分県に多く、全国の過半数が大分県に在住している。県内では竹田市を中心に県の南西部にとくに集中しており、読み方は「あなん」が多い。

◎指原（さしはら）

大分市の名字で、丹川地区に集中している。「さし」とは上代語で焼畑を指すとも、真っすぐな地形を指すともいわれる。丹川地区は丹生川に沿って長く延びる谷間で、古代から「丹生郷」として資料にも登場する。この古くから開けた谷間を「さしはら」と呼び、ここに住んだ「さしはら」一族が、指原という漢字をあてたのが由来とみられる。佐志原とも書く。

◎生野（しょうの）

大分県を中心に福岡県南部にかけて分布する名字。県内では生野の96%が「しょうの」と読む。豊後国大野郡生野（しょうの）村（臼杵市野津町）がルーツ。なお、関西に多い生野は「いくの」と読む。

◎御手洗（みたらい）

御手洗とは本来神社に参拝する前に手を洗い、口を漱（すす）ぐ場所のこと。そのため、神社の前の清流はしばしば御手洗川と呼ばれ、地名も各地にある。とくに瀬戸内海の大崎下島にある御手洗集落は、江戸時代西廻り航路の風待ちの港として栄えた。また、九州の大名は参勤交代に船を使うことが多く、中津藩も参勤交代の際には御手洗港に寄港した。

◆大分県にルーツのある名字

◎宇佐（うさ）

古代から豊前国で力を持っていた一族が宇佐氏である。代々宇佐神宮の神官を務める古代豪族の末裔で、のち到津（いとうづ）家・宮成家の2家に分裂した。一族は周辺の地名を名字としており、稲用（いなもち）、出光、岩根、益永、高田、平田、鏡山、元永、麻生などが宇佐一族の名字。

◎辛島（からしま）

豊前国宇佐郡辛島郷（宇佐市辛島）に因む渡来人系古代豪族の辛島氏があり、江戸時代には中津藩医に辛島家があった。現在も宇佐市から中津市にかけて多い。

◎財津（ざいつ）

日田市に多い名字で、豊後国日田郡財津（日田市）がルーツ。日田氏の一族で、財津城に拠っていた。戦国時代は大友氏に従っていた。

◎田北（たきた）

全国の半分弱が大分県にあり、とくに竹田市直入町に集中している。豊後国直入郡田北村（竹田市直入町）がルーツで、藤原北家秀郷流。大友親秀の子親泰が田北氏を称した。代々大友氏に従う。

◎都甲（とごう）

全国の4割が大分県にあり、杵築市山香町や豊後高田市に多い。豊後国国東郡都甲荘（豊後高田市）がルーツ。大神氏の一族の貞俊が、都甲荘を開発した源経俊の女婿となって都甲氏を称したのが祖である。鎌倉時代は幕府の御家人となった。戦国時代は大友氏に従い、一族は日向にも転出した。

◆珍しい名字

◎安心院（あじみ）

大分県と福岡県の県境付近の名字。豊前国宇佐郡安心院荘がルーツで、宇佐神宮の神官・宇佐氏の庶流。とくに日田市に多い。地名は「あじむ」だが、名字は「あじみ」が多い。

◎黒豆（くろず）

中津市の名字。平安時代に貴族に黒豆を献上したことで「黒豆」の名字を賜ったと伝える。黒豆は古くは黒大豆といったことから、「くろまめ」ではなく「くろず」と読む。

〈難読名字クイズ解答〉

①あじみ／②あない／③えぼし／④おいら／⑤おがえり／⑥かがひ／⑦こうそ／⑧こがのき／⑨どうべた／⑩ねぎ／⑪はね／⑫ほきのうえ／⑬まんざんか／⑭みねんご／⑮むなし

II

食の文化編

米 / 雑穀

地域の歴史的特徴

684年に豊の国が豊前国と豊後国に分かれた。1871（明治4）年に旧豊後国の8県を統合し、大分県が成立した。大分の大は大きいことを示し、イタ（キタ）については①河岸段丘、②田、③分流、つまり大きく分かれる所、の3説がある。

その後、1876（明治9）年に小倉県（のち福岡県）の管轄だった下毛郡、宇佐郡を編入し、現在の大分県の県域となった。

1979（昭和54）年に当時の平松守彦知事が提唱した「一村一品運動」は地域づくり運動として脚光を浴びた。これに基づく特産品として、旧千歳村（現豊後大野市）でハトムギ、旧宇佐市で麦焼酎やハトムギ焼酎、日出町で麦焼酎などが選ばれた。この運動は、中国、タイ、ベトナム、カンボジアの農村など海外にも広がった。

コメの概況

水稲の作付面積の全国順位は27位、収穫量は28位である。収穫量の多い市町村は、①宇佐市、②豊後大野市、③竹田市、④中津市、⑤大分市、⑥由布市、⑦国東市、⑧杵築市、⑨日田市、⑩豊後高田市の順である。県内におけるシェアは、宇佐市18.0％、豊後大野市11.6％、竹田市10.1％、中津市7.9％などで、上位3市で4割近くを占めている。宇佐神宮を中心に発展してきた宇佐市は、県内で最も米づくりの盛んな地域でもある。

大分県における水稲の作付比率は、うるち米98.0％、もち米1.8％、醸造用米0.2％である。作付面積の全国シェアをみると、うるち米は1.5％で全国順位が岐阜県、鹿児島県と並んで25位、もち米は0.7％で鳥取県、鹿児島県と並んで28位、醸造用米は0.2％で神奈川県、長崎県と並んで33位である。

宇佐市などでは、コメの収穫が終わった田で、はだか麦や二条大麦を栽培する二毛作が行われている。二毛作としてそばを栽培している地域もある。

知っておきたいコメの品種

うるち米

（必須銘柄）あきまさり、コシヒカリ、にこまる、ひとめぼれ、ヒノヒカリ
（選択銘柄）あきたこまち、あきだわら、キヌヒカリ、つや姫、はえぬき、みつひかり、ミルキークイーン、夢の華、ユメヒカリ

うるち米の作付面積を品種別にみると、「ヒノヒカリ」が最も多く全体の76.1％を占め、「ひとめぼれ」（11.0％）、「コシヒカリ」（3.7％）が続いている。これら3品種が全体の90.8％を占めている。

- **ヒノヒカリ**　低標高地から中山間地まで広く栽培されている主力品種である。豊肥地区産「ヒノヒカリ」の食味ランキングは特Aだった年もあるが、2016（平成28）年産はAだった。
- **ひとめぼれ**　山間地の主力品種である。2015（平成27）年産の1等米比率は72.8％だった。久大地区産「ひとめぼれ」の食味ランキングは、2016（平成28）年産で初めて特Aに輝いた。
- **コシヒカリ**　大分県の平坦地では早期栽培、標高300m以上の地域では普通期栽培が行われている。
- **つや姫**　地元が期待を寄せる新品種である。県北産「つや姫」の食味ランキングはAである。
- **にこまる**　低標高地を中心に作付けが拡大中。

もち米

（必須銘柄）なし
（選択銘柄）ヒヨクモチ

もち米の作付面積の品種別比率は「ヒヨクモチ」が最も多く全体の72.9％を占めている。

醸造用米

（必須銘柄）なし
（選択銘柄）雄町、吟のさと、五百万石、山田錦、若水

醸造用米の作付面積の品種別比率は「山田錦」が最も多く全体の44.7%を占め、「五百万石」（26.3%）、「若水」（10.5%）が続いている。この3品種が全体の81.5%を占めている。

知っておきたい雑穀

❶小麦

小麦の作付面積の全国順位は13位、収穫量は15位である。栽培品種は「チクゴイズミ」などである。主産地は、県内作付面積の45.2%を占める宇佐市である。これに中津市、豊後高田市、国東市などが続いている。

❷二条大麦

二条大麦の作付面積の全国順位は8位、収穫量は11位である。栽培品種は「ニシノホシ」「サチホゴールデン」などである。宇佐市の作付面積は県全体の78.1%を占め主産地を形成している。これに豊後大野市（14.8%）、杵築市（2.4%）、佐伯市（1.2%）などが続いている。

❸六条大麦

六条大麦の作付面積、収穫量の全国順位はともに21位である。産地は竹田市などである。

❹はだか麦

はだか麦の作付面積の全国シェアは18.0%で、順位は愛媛県に次いで2位である。収穫量のシェアは14.9%で、愛媛県、香川県に次いで3位である。主な栽培品種は「トヨノカゼ」「サヌキハダカ」「イチバンボシ」である。作付面積の県内シェアは宇佐市（37.2%）と中津市（23.1%）で6割強を占め、県内での2大産地を形成している。これに続くのが国東市（13.5%）、大分市（7.2%）、臼杵市（6.0%）などである。みそ用だけでなく、近年は麦焼酎の原料としての需要が伸びている。

❺ハトムギ

ハトムギの作付面積の全国順位は10位、収穫量は8位である。栽培品種はすべて「あきしずく」である。統計によると、大分県でハトムギを栽培

しているのは豊後大野市だけである。

❻トウモロコシ（スイートコーン）

トウモロコシの作付面積の全国順位は11位、収穫量は12位である。主産地は竹田市、豊後大野市、大分市などである。

❼そば

そばの作付面積の全国順位は26位、収穫量は25位である。主産地は豊後高田市、中津市、由布市などである。栽培品種は「春のいぶき」「さちいずみ」「福島在来」などである。

❽大豆

大豆の作付面積の全国順位は22位、収穫量は23位である。主産地は宇佐市、国東市、豊後大野市、豊後高田市、竹田市などである。栽培品種は「フクユタカ」「キヨミドリ」「クロダマル」などである。

❾小豆

小豆の作付面積の全国順位は23位、収穫量は24位である。主産地は日田市、大分市、宇佐市、由布市などである。

コメ・雑穀関連施設

- **緒方疏水**（豊後大野市）　豊後大野市緒方町を流れる全長17km、受益面積は232haの疎水である。豊後岡藩主中川久盛公の1623（元和9）年に阿蘇山の大噴火があり、田畑に粉塵が積もったことが疎水を開削するきっかけになった。これによって江戸時代から「緒方五千石米どころ」とよばれている。
- **城原井路**（神田頭首工、竹田市）　総延長は130.7kmである。竹田市北西部の神田頭首工より取水した疎水は国道442号沿いの丘陵地を東西に流れ、受益地は300haである。岡藩主中川久清公の1661（寛文元）年に開削を始め、63（同3）年に完工した。
- **白水貯水池**（竹田市）　大野川上流の大谷川に、富士緒井路の貯水池とし1938（昭和13）年に完成した。重力式線石積ダムで、堤長は90m、堤高は14m、総貯水量は60万トンである。堰堤の表面に石を張り巡らせており、オーバーフローする水が独特な幾何学模様を描く。管理主体は富士緒井路土地改良区。
- **音無井路**（竹田市）　大野川支流の大谷川から熊本県内で取水し、延長

13kmの井路で同市宮砥地域にかんがい用水を供給している。1898（明治31）年に完工した。宮砥の3地区の水争いを防ぐため、「12号分水」とよばれる円形の分水施設を1933（昭和9）年に設置した。耕地面積に応じて比例分水できるように、施設の壁に小窓を付け、その数やふた、仕切り板の高さなどで分水量が調整される。

- **明正井路**（めいせいいろ）（竹田市、豊後大野市） 緒方川の水を竹田市入田出合で取水し、豊後大野市の旧緒方町と旧清川村地域のかんがい用水に使用している。幹線の総延長は48km、かんがい面積は2,323haである。水路橋はいずれも石橋で、17基ある。これほど多数の石橋を用いた大規模なかんがい施設は全国的にも珍しい。明治時代に計画され、1919（大正8）年に完工したことが名前の由来である。

コメ・雑穀の特色ある料理

- **うれしの**（杵築市） 昔、杵築ではタイのしばり網が盛んだった。新鮮なタイを刺し身にしてごまだれに漬け込み、ご飯の上に並べて刻みノリ、ワサビを添える。通常は、熱いお茶をかけるが、そのまま食べてもよい。杵築藩の殿様の大好物で、この料理が出されるたびに殿様が「うれしいのう」と言ったことが名前の由来と伝えられている。
- **シイタケ飯**（宇佐地域） この地域では、クヌギを利用した原木シイタケの栽培が伝統的に盛んである。原木干しシイタケを材料にしたシイタケ飯は昔からつくられているふるさとの味である。宇佐地域は「クヌギ林とため池がつなぐ国東半島・宇佐の農林水産循環」として世界農業遺産の認定を受けている。
- **かちエビちらしずし**（宇佐市） 宇佐市長洲地区の郷土料理である。材料のかちエビは、豊前海で獲れた小エビの一種であるアカエビをゆでて乾燥させたものである。このほか、あぜで栽培して乾燥させた豆や、名産の干しシイタケなどすべて地元産の乾物でつくる。祭りや来客のもてなしに用意する。
- **ミトリおこわ**（県北地域） 材料のミトリ豆はササゲの一種である。サヤは食べずに実だけをとるからミトリとよばれる。県北地域では、小豆の代わりにミトリでおこわをつくっている。ミトリは黒紫色と赤色の2種類があり、前者は仏事や新盆にもつくられる。

- **アミ飯**（宇佐地域）　豊前海沿岸で獲れたアミを干した干しアミに、しょうゆなどで味を付けて、ご飯に混ぜる。アミを前もって佃煮風に煮ておき、炊き上がり直前のご飯にのせ、蒸らしてから混ぜるのがコツという。名横綱・双葉山も好んだとか。

コメと伝統文化の例

- **二目川百手祭り**（ふためがわももて）（大分市）　室町時代を起源とし、五穀豊穣などを祈願する伝統民俗行事である。約3m 離れた二つの的に次々に矢を放ち、的射の結果でその年の吉凶を占う。二目川地区の家々が順番に頭人（とうじん）とよばれる祭主を務め、会場を提供する。開催日は毎年1月20日。
- **カッパ祭り**（中津市）　五穀豊穣などを祈願して行う。カッパに扮した5、6歳の4人の男児を大うちわを持った若者4人が封じ込め、その周りを40余人の行列が道楽を奏でながら踊る。平家落人伝説に由来し、カッパの霊を慰めるために氏神に奉納したとされる。300年以上前から伝承されている。開催日は毎年7月29日。
- **姫島盆踊り**（姫島村）　鎌倉時代の虫除け祈願の念仏踊りから発展したといわれる。ユーモラスな恰好や仕草の「キツネ踊り」、荒々しく踊る男性と優雅に踊る女性が組になって踊る「アヤ踊り」、フグの皮を張った太鼓に孔開き銭をつけて踊る「銭太鼓踊り」は伝統的な踊りである。新しく創り出される毎年の創作踊りも興味深い。開催日は8月14、15日。
- **風流杖踊り**（ふりゅう）（臼杵市）　江戸時代から伝わる豊作と豊猟を祈願する棒踊りである。長さ2m の花棒などを巧みに操り、若者たちが古武士の棒術を思わせる勇壮な踊りを披露する。一時、途絶えていたが復活し、臼杵市東神野の熊野神社の春の例祭で奉納される。開催日は毎年4月の第2土曜日。
- **吉弘楽**（国東市）　楽庭（がくにわ）八幡神社に伝わる五穀豊穣、虫害防除などを祈念する舞楽である。南北朝時代に、領主・吉弘正賢公が豊作や戦勝を祈願したのが起源である。踊り手たちは、胸に吊るした太鼓を打ち鳴らし、隊列をさまざまに変化させながら踊る太鼓踊りで、念仏踊りの系譜を引く。開催日は毎年7月の第4日曜日。

こなもの

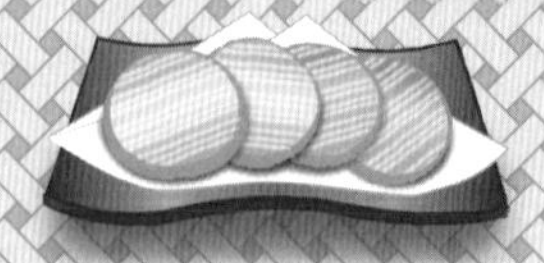

臼杵せんべい

地域の特色

九州の北東部に位置する県で、北から東は瀬戸内海・豊後水道に面し、北部は九重山など火山地域、南部は九州山地となる。北東部には国東半島がある。県域の北部は、溶岩の台地が広がり、周防灘沿岸に中津平野、国東半島が連なる。南部の九州山地の東端は海に沈んでリアス式海岸を形成する。別府湾に注ぐ大野川・大分川の下流には、小さな大分平野がある。

かつての豊後国全域と豊前国南部の地域である。県庁所在地の大分市は、別府湾南岸に面し、中世は、大友氏の根拠地であった。南蛮貿易が行われた地区でもある。

食の歴史と文化

「一村一品」という地域ごとの特産物で、地域の活性を図ろうと計画したのが大分県であった。山がちで、温暖なので果樹の栽培には適している。九重町、玖珠町などは干ししいたけの生産量では全国では上位である。その他、野菜や果物（とくにかんきつ類）の生産量を上げている。伝統野菜としてのカボチャ、キュウリ、高菜などの地野菜の栽培も注目している。

漁業では、佐賀関の漁協が計画したブランド魚（関サバ、関アジ）は、品質の点で高く評価され、この方式を参考にした漁業形態が増えてきている。別府湾の城下カレイは、県外の客に対して地のものとして、評価されている。海岸線のリアス式海岸を利用した魚介類の養殖も盛んである。寒い日の日常食として「団子汁」という郷土料理がある。だご汁ともいい、煮干しと昆布でとっただし汁に、シイタケ、カボチャ、ニンジン、サトイモ、その他の野菜を加えて煮込み、これに耳たぶほどの硬さに練った小麦粉の団子を入れて味噌仕立てにした汁物である。内陸の竹田地方では、貴重な魚を頭まで食べる「頭料理」がある。

知ってておきたい郷土料理

だんご・まんじゅう類

①にぎりだんご

生切り干しサツマイモの粉（「とういんいもん粉」といっている）を、だんごにしやすい硬さに捏ねる。この生地を手のひらにとり、握りながら、たっぷりの湯でゆがく。浮き上がっただんごは、水を切り、黒砂糖入りの黄な粉をまぶす。間食用として利用する。

②ねり／いとこねり

大分県の南海岸では、「ねんこ」「ねりそ」「ぼし」ともいう。

「ねり」は、生切り干しサツマイモ（「かんくろ」）は、ササゲとともに煮る。煮上がったものは、しばらく蒸した後、熱いうちに搗いて練り上げる。昼飯や間食に利用する。熱いうちは茶碗に入れて食べる。冷えたらおにぎりにして食べる。

「いとこねり」は、ささぎ豆やぶどう豆と生のサツマイモを一緒に煮たものを練り、茶碗に盛って食べる。

③かんくろだんご

サツマイモの生きり干し（かんくろ）の粉をぬるま湯で練り、重曹を入れておくと軟らかくなる。捏ねた生地は手のひらで握る。指のあとをつけて蒸す。蒸し上がったものを熱いうちに食べる。

④盆だんご

盆の精霊を迎えるために作るだんごで、寒ざらしのもち米の粉で作る。だんごの生地は、熱湯で茹でる。黒砂糖入りの黄な粉で食べる。

⑤いももち

サツマイモに小麦粉と米の粉を混ぜて捏ねたものを丸めて蒸しただんご。間食に利用する。

⑥かんころもち

サツマイモをサイコロに切り、生きり干しサツマイモの粉（かんころ粉）に入れて、練る。この生地を丸めて、蒸す。間食用としてこのまま食べる。

⑦ほおかぶり

輪切りや角切りのサツマイモを餡にし、これを重曹の入った小麦粉の生地で包んで蒸したもの。秋の繭だしの後で食べただんご。

⑧石垣もち

小麦粉に砂糖、重曹、塩を入れてかき混ぜた中に、アクの抜いたサツマイモを賽の目に切って入れ、水を加えたまんじゅうの生地を作る。これを、食べやすい大きさの形にして蒸す。

冬から春にかけての間食用として作る。

⑨酒まんじゅう

ご飯に種麹を加えて発酵させる。これに小麦粉を入れて酒まんじゅうの生地を作り、餡を入れて丸め、その底にサルトリイバラの葉を敷いて蒸す。

夏場の行事には作るまんじゅう。

⑩ふくらかしまんじゅう

作り方はほとんど酒まんじゅうと同じである。酒まんじゅうより大きく、蒸すときに敷くサルトリイバラは、蒸し器に敷いてあるので、まんじゅうにはついていない。

⑪さるまんじゅう

大分県の郷土料理。日田市地区では、旧暦の6月の申の日（十二支の9番目）に、牛馬の安全を祈願して「さるまんじゅう」を作り、サバの頭とともに、竹の皮に包んで、笹にぶらさげて川端の石垣にさす風習がある。

作り方は、小麦粉に少量の重曹と食酢を入れて、水で捏ねてまんじゅうの生地を作る。ソラマメの餡を入れて包み、蒸す。

⑫黒砂糖まんじゅう

日田の町の祇園祭り（7月13日）に作るまんじゅう。小麦粉に少量の重曹、食酢を入れ、黒砂糖を細かく刻んでお湯で溶かしたものも加えて、さらに水を加えて捏ねて、まんじゅうの生地を作る。この生地で小豆餡を包み蒸す。

⑬ふくれまんじゅう

宇佐市の宇佐神宮の夏祭り（7月31日から8月2日）に作るまんじゅう。小麦粉に重曹を入れたまんじゅうの生地でササゲの餡を包んで蒸す。

⑭ちまきもち

国東地区で端午の節句や田植え時の間食用に作る。米粉で作った生地で小豆餡（または、ケンチョウ餡）を入れ、サルトリイバラの葉で巻いて蒸したちまきに似たもの。

⑮臼杵煎餅（うすきせんべい）

大分県臼杵市の名物の小麦粉せんべい。小麦粉に、砂糖・卵を混ぜた生地を、厚めのせんべいに焼き上げたもの。砂糖・ショウガ汁を合わせて、刷毛で塗り、金網の上で乾燥して焼き上げる。淡白な甘味とショウガの香りをつけ、歯ざわりのよいせんべいである。安土桃山時代の慶長5（1600）年に、岐阜から臼杵城主として赴任した稲葉貞通に伴って大分に移った菓子職人の玉津屋と稲葉貞通が考案したせんべいといわれている。臼杵煎餅は、参勤交代の非常食に使われた。

最近の臼杵煎餅は、アズキあん、抹茶、ブルーベリーなどをせんべいで挟んだサンドイッチタイプのものが市販されている。

⑯いぜ餅

大分県の名物まんじゅう。茹でて作るまんじゅう、みどりまんじゅうともいわれる。小麦粉の生地を耳たぶの柔らかさに捏ね上げ、みどり豆の餡を包み、布を敷いた大鍋の中で茹でる。

⑰薄焼きせんべい

大分県臼杵市の名物せんべい。安土桃山じぢの慶長5（1600）年に、臼杵城主の稲葉貞通のもとで勤めていた菓子職人に作らせたせんべいといわれている。小麦粉に、砂糖、卵を混ぜた生地を厚めに焼きあげたもの。砂糖、ショウガ汁を合わせた調味液を、刷毛で塗って味付けをしている。

⑱花ゆず

ユズ子と呼ばれるユズを入れた求肥。上質の求肥に、香り豊かな天然のユズの皮をたくさん混ぜ、さらに和三盆糖をまぶしたもの。

お焼き・焼きおやつ・お好み焼き・たこ焼き類

①ひ焼き

小麦粉に塩と重曹を入れてまんじゅうを作る硬さに練る。これを、小さくちぎり丸め、さらに円形に平らな形にして焼く。トウキビの粉で作るものもある。

②じり焼き

小麦粉に塩味をつけ、水を加えて天ぷらの衣のように軟らかい生地を作る。これを平鍋に流して、両面を焼く。黒砂糖を芯にして巻く。食べるときは食べやすい長さに切る。

③オランダ

大分県の夏の郷土料理。ナスを炒め、味醂、味噌で調味し、水溶きした小麦粉を加えて、油を敷いたフライパンで焼いたり、油で揚げたりしたもの。揚げることにより洋風のお菓子に見立てて「オランダ」の名がある。

めんの郷土料理

①鯛麺（大分市）

結婚の披露宴などの祝い事で供する。「鯛めん」は「対面」にかけてある。大皿に茹でたうどんを波のイメージで盛りつける。この上に蒸した鯛を載せる。食べ方は、深めの小皿にうどんと鯛を取り分ける。

②鯛麺（宇佐市）

麺は素麺を使う。結婚披露宴に供される。

③ほうちょう

手打ちうどんを湯に浮かせておいて、生醬油で食べる。ほうちょうは、三浦梅園（1723～89）の『豊後跡考』のなかに書かれている「鮑腸（ほうちょう）」に由来するといわれている。すなわち、うどんをアワビの腸に喩えた。戦国時代にキリシタン大名大友宗麟が、飢餓のときに飢えをしのぐために考え出したとされている。

④おしょぼ

薄い麺を茹でてから、黄な粉をつけたもの。

⑤おどろ

大分県の郷土料理。小麦粉に水を加えてよく捏ねて生地を作る。この生地を薄く延ばしてから麺線とする。めんは茹でてから、水を切り、容器にあけておく。季節の野菜を入れた熱いみそ汁をかけて食べる。冬はけんちん汁をかけ、夏は冷たいみそ汁をかける。翌日まで残った「おどろ」は、がに（蟹）の巣とよばれ、味噌汁をかけて食べる。

▶ 占有率96%のカボス

くだもの

地勢と気候

大分県は、県北に中津平野、県央に大分平野、県南に佐伯平野が広がっている。内陸部は英彦山、両子山、由布岳、久住山、祖母山などの山地であり、その間に日田、玖珠、湯布院、竹田などの盆地がある。豊後水道に面する海岸はリアス式である。

中津平野から国東半島、別府市沿岸部は降水量が比較的少なく、夏季は干ばつが起こりやすい。冬は曇りがちである。大分市から臼杵市あたりは冬季の天候はよい。県南部の豊後水道沿岸では、黒潮の影響で温暖湿潤であり、夏季に雨が多い。亜熱帯性植物も生育している。内陸山地は冷涼で、降水量が多く、梅雨や台風時には豪雨となりやすい。冬季には積雪がある。

知っておきたい果物

カボス カボスは大分県特産の香酸かんきつである。栽培面積は512.0 ha で全国の97.4%、収穫量は5,883トンで95.7%を占め、圧倒的なシェアを誇っている。主産地は、臼杵市はじめ、竹田市、豊後大野市、国東市などである。3月～7月はハウスもの、8、9月は露地もの、10月～2月は貯蔵ものが中心で、一年を通して出荷される。

カボスの加工品は多く、果汁を利用したゼリーや飲料、調味料なども販売されている。大分では焼酎に輪切りのカボスを入れて飲むのが一般的である。味がまろやかになる。

ギンナン ギンナンの栽培面積は240 ha で全国の30.0%、収穫量は270.9トンで26.1%を占め、ともに全国一である。主産地は豊後高田市、九重町、宇佐市である。

オリーブ オリーブの栽培面積の全国順位は4位である。収穫量の全国順位は香川県に次いで2位である。主産地は国東市、豊後高田市などである。

セミノール　商品名は「サンクイーン」である。セミノールの栽培面積、収穫量の全国順位はともに和歌山県に次いで2位である。占有率は、栽培面積で全国の28.7%、収穫量で32.5%である。主産地は津久見市、佐伯市、大分市などである。

ユズ　ユズの栽培面積の全国順位は5位、収穫量は4位である。主産地は宇佐市、日田市、大分市などである。

ハッサク　ハッサクの栽培面積の全国順位は6位、収穫量は5位である。主産地は日出町、大分市、佐伯市、国東市などである。

ブンタン　ブンタンの栽培面積の全国順位は6位、収穫量は5位である。主産地は佐伯市などである。

清見　清見の栽培面積の全国順位は5位、収穫量は7位である。主産地は津久見市、臼杵市、佐伯市などである。

伊予カン　伊予カンの栽培面積の全国順位は4位、収穫量は7位である。主産地は大分市、豊後高田市、佐伯市などである。

ポンカン　ポンカンの栽培面積の全国順位は4位、収穫量は7位である。主産地は佐伯市、津久見市、杵築市などである。出荷時期は11月上旬～2月中旬頃である。

ビワ　ビワの栽培面積の全国順位は6位、収穫量は7位である。主産地は大分市などである。

ナツミカン　ナツミカンの栽培面積の全国順位は7位、収穫量は8位である。主産地は津久見市、臼杵市、大分市、佐伯市などである。アマナツカンの出荷時期は3月上旬～4月上旬と4月下旬頃である。

サンショウ　サンショウの栽培面積の全国順位は9位、収穫量は8位である。主産地は日田市、津久見市などである。

日本ナシ　日本ナシの栽培面積の全国順位は12位、収穫量は9位である。出荷量は日田市が圧倒的に多く、由布市、中津市、日出町なども産地を形成している。栽培品種は「豊水」「新高」「幸水」「二十世紀」などである。最近は、「豊里」「あきづき」「なつしずく」などの導入も進んでいる。「豊里」は、2007年に品種登録した大分県のオリジナル品種である。「新高」の出荷時期は10月上旬～下旬頃である。

日田地域産のナシは「日田梨」として地域ブランドに登録されている。

同地域でのナシ栽培の歴史は約100年に及ぶ。

不知火　不知火の栽培面積、収穫量の全国順位はともに9位である。主産地は津久見市、佐伯市、杵築市などである。出荷時期は11月上旬～2月中旬頃である。

キウイ　キウイの栽培面積の全国順位は徳島県と並んで13位である。収穫量の全国順位は11位である。収穫量は国東市が圧倒的に多く、大分市、臼杵市などが続いている。

ミカン　ミカンの栽培面積の全国順位は15位、収穫量は13位である。ミカンの栽培面積は1970年代後半から減少が進み、全盛期の10分の1程度に減少している。主産地は杵築市、国東市、津久見市、日出町などである。出荷時期はハウスミカンが4月上旬～10月中旬、極早生ミカンが9月上旬～10月下旬、早生ミカンが11月上旬～下旬、普通ミカンが12月上旬～1月上旬頃である。

9月中旬頃からの出荷が可能な極早生種の「おおいた早生」は大分県のオリジナル品種である。早生温州のうちハウスミカンは、結果樹面積32ha（2015年産）、収穫量1,620トン（同）で、ともに佐賀県、愛知県に次いで全国3位である。ハウスミカンの主産地は、杵築市を中心に、日出町、国東市、津久見市、佐伯市などである。出荷時期は4月～9月頃までである。

杵築地域を中心に「屋根かけ完熟栽培」など新たな取り組みも始まっている。

ブドウ　ブドウの栽培面積の全国順位は11位、収穫量は13位である。栽培品種は「巨峰」「ピオーネ」「シャインマスカット」「デラウェア」などである。出荷量は宇佐市が最も多く、日田市、中津市、国東市なども主産地である。

クリ　クリの栽培面積の全国順位は14位、収穫量は13位である。主産地は豊後大野市、日田市、杵築市などである。

レモン　レモンの栽培面積の全国順位は13位、収穫量は15位である。主産地は佐伯市などである。

イチゴ　イチゴの作付面積の全国順位は20位、収穫量は16位である。主産地は杵築市、国東市、佐伯市、由布市などである。

ウメ　ウメの栽培面積の全国順位は、鹿児島県と並んで19位である。収穫量の全国順位は13位である。

イチジク　イチジクの栽培面積の全国順位は18位、収穫量は22位である。主産地は大分市、宇佐市などである。

ブルーベリー　ブルーベリーの栽培面積の全国順位は15位である。収穫量の全国順位は島根県と並んで27位である。主産地は九重町、由布市などである。

カキ　カキの栽培面積の全国順位は32位、収穫量は30位である。主産地は大分市、中津市などである。

オオイタカケン4ゴウ　漢字では大分果研４号と書く。大分県オリジナルのかんきつで、商品名は「ゼリーオレンジ・サンセレブ」である。農林統計によると、主な生産地は大分県だけである。栽培面積は5.3ha、収穫量は16.0トンである。主産地は津久見市と杵築市などである。

アマクサ　漢字では天草と書く。商品名は「美娘（みこ）」である。アマクサの栽培面積の全国順位は４位である。収穫量の全国順位は愛媛県に次いで２位である。主産地は杵築市などである。

アンコール　アンコールの栽培面積、収穫量の全国順位はともに愛媛県に次いで２位である。主産地は杵築市などである。

タロッコ　タロッコはブラッドオレンジともいう。タロッコの栽培面積、収穫量の全国順位はともに愛媛県に次いで２位である。主産地は日出町などである。

バンペイユ　バンペイユの栽培面積の全国順位は２位、収穫量は３位である。主産地は別府市などである。

ハヤカ　ハヤカの栽培面積の全国順位は神奈川県、兵庫県と並んで５位である。収穫量の全国順位は６位である。主産地は日出町などである。

ネーブルオレンジ　ネーブルオレンジの栽培面積、収穫量の全国順位はともに６位である。主産地は日出町、国東市、佐伯市などである。

カワチバンカン　漢字では河内晩柑と書く。カワチバンカンの栽培面積、収穫量の全国順位はともに６位である。主産地は佐伯市などである。

ハルミ　ハルミの栽培面積の全国順位は7位、収穫量は6位である。主産地は杵築市などである。

キシュウミカン　キシュウミカンの栽培面積、収穫量の全国順位はともに7位である。主産地は佐伯市などである。

ダイダイ　ダイダイの栽培面積の全国順位は香川県と並んで12位である。収穫量の全国順位は14位である。主産地は津久見市などである。

ハルカ　ハルカの栽培面積の全国順位は8位、収穫量は12位である。主産地は日出町などである。

セトカ　セトカの栽培面積、収穫量の全国順位はともに13位である。主産地は大分市と杵築市などである。

地元が提案する食べ方と加工品の例

果物の食べ方

カボスのグラニテ（大分県カボス振興協議会）

ハチミツ大さじ4杯、砂糖40g、水240ccを火にかけ、溶けたら冷ます。カボス果汁120ccを加えてステンレス容器に入れ、冷蔵庫で冷やし、固める。

カボスムージー（大分県カボス振興協議会）

飲むヨーグルト250cc、カボスの果汁、氷を入れてミキサーにかけ、氷がシェイク状になったら器に移す。カボスの種は入れない。好みでハチミツを入れてもよい。

鶏肉のソテーカボス風味（大分県カボス振興協議会）

鶏もも肉全体に塩をすり込み、カボスを絞り、オリーブオイルとともにポリ袋に入れてもむようにして1時間以上なじませた後、焼く。カボスと野菜を添える。

フルーツ白玉（臼杵市）

白玉粉を水で練り、一口大に丸めて団子をつくり、湯を沸騰させて入れ、浮いたら冷水にとる。水気をとって、輪切りにしたバナナ、缶詰のパイン、ミカンなどと混ぜ合わせる。

さつまいもとりんごの重ね煮（臼杵市）

鍋に油をしき、皮をむいて2～3cmの幅に切ったサツマ芋とリンゴを重ね、その上にバター、砂糖を置く。これを3回繰り返し、水を加えて蒸し煮する。

果物加工品

- カボス果汁飲料つぶらなカボス　JAフーズおおいた

消費者向け取り組み

- 木(こ)の花ガルテン　大分大山町農協

魚食

地域の特性

大分県は山が多く、県内は小地域に分断されている。北は周防灘（すおうなだ）、東は瀬戸内海・豊後水道に面している。豊後水道付近は高温多雨で、リアス式海岸を利用した魚介類の養殖が行われている。県域の北部は溶岩の台地が広がり、周防灘の沿岸に向かって中津平野・国東平野がある。別府湾には、大野川や大分川が注いでいる。近代以前は、九州のほかの県域との交通も不便であった。大分県と四国の愛媛県の間の通る潮流の速い海流の豊後水道で育った魚は、身が締まり美味しさの評価は高い。

魚食の歴史と文化

江戸時代の大分県域の人々は、大阪（江戸時代は「大坂」と書いた）との交易を望んでいたといわれている。魚に最初にブランドをつけたのは、大分県の佐賀関に水揚げされる豊後水道のマサバとマアジといえよう。1996年に、佐賀関の漁業協同組合が日本で初めて鮮魚に「関サバ」「関アジ」の商標登録をとった。このことにより、佐賀関の関サバ、関アジは高級魚となり、その後、各地で漁獲される魚介類にブランド名がつけられるようになり、商標登録をとらなくても、各地の魚介類の流通に活気を与えている。別府湾に臨む海際の日出町の暘谷城（ようこくじょう）の下の海中には清水の湧く場所があり、ここに集まるカレイが城下カレイといわれている。このカレイはマコガレイとよばれるもので、清水に生育している餌を食べているので、臭みがないことから、昔から評判のよいカレイであった（旬は５～６月）。

豊後水道に面している大分県域は、８つの藩に分かれ、さらにいくつかの飛領があったため、歴史的に根付いた個性豊かな食文化が存在している。山間の城下町・竹田市の「頭料理」は、ニベ、アラ、ハタなどの大形魚の肉、皮。エラ、胃袋、眼の周りを使う料理で、江戸時代から受け継がれている。

知っておきたい伝統食品・郷土料理

地域の魚介類

城下カレイ、関サバ、関アジなどのブランド魚がある。関サバ・関アジは、豊後水道で漁獲され、佐賀関の漁港で受け取ったものである。漁獲されたものは、一度、海面の生け簀に入れ、必要に応じて水揚げし、活き締めし、発泡スチロールの容器に入れ、氷蔵で九州・関西ばかりでなく、関東でも流通している。高級ブランド魚であり、高値で取引されている。豊後水道はマダイの回遊する潮流域なので、ここで漁獲されたマダイも高値で流通している。

海面漁業で漁獲するマサバやマアジのほかは、タチウオ、カジキ、エソ、ハモ、ムロアジなどが漁獲されている。岩礁地帯ではヒジキの採集、ハマグリ、サザエ、ナマコなどの捕獲が行われている。海面養殖は、ブリ、ヒラメ、クルマエビ、マアジ、マダイ、トラフグ、カンパチなどが行われている。

伝統食品・郷土料理

①城下カレイの料理

城下カレイの身は純白で、厚みがある。

- 刺身　肝を解いた醤油をつけて食べる。
- その他の料理　煮つけ、塩焼き、から揚げ、湯引きなど。

②マダイの料理

- タイのさつま（刺身と骨のみそ汁かけ）　マダイの左片身は刺身にし、右片身は火にかけて焼き、身をむしり取ってから骨を焦げるまで焼く。むしった身と骨の一部には、すり鉢でつぶしてから焼いた甘味噌と半ずりした白ゴマを加えてする。残った骨は潮汁にし、すり味噌を潮汁ですり味噌をのばす。炊きたてのご飯に刺身をのせ、ノリ、ワケギをあしらい、たい味噌の汁をかけて賞味する。
- うれしの　杵築（きつき）地方の郷土料理。三枚におろして醤油に漬け、ゴマ、ネギなどを加え、熱いお茶をかけて食べる。
- 鯛麺　大皿に茹でた素麺を波のように盛り、その上に焼いたタイを載せる。木の芽とカボスを添えて、醤油味のだし汁で食べる。国東半島の先にある姫島に伝わる祝い料理で、「対面」にかけた料理ともいう。

③アジ料理

- アジのから揚げ　ショウガ醤油で食べる。

④フグ料理

- 姫島のトラフグ　晩秋から早春にかけて姫島付近で漁獲されるトラフグの評価は高い。イカ、タコや貝類を餌にしているため、肉は純白・透明で歯応えがよい。トラフグのうま味成分としてはアミノ酸のグリシンやベタインが関与しているのが特徴である。刺身、鍋などの料理がある。

⑤その他

- 光明寺飯　エソのすり身を使ったご飯である。

▼大分市の1世帯当たりの食肉購入量の変化（g）

年度	生鮮肉	牛肉	豚肉	鶏肉	その他の肉
2001	43,664	10,320	12,686	16,069	2,282
2006	56,190	9,678	16,717	18,616	1,734
2011	47,232	8,851	17,114	17,819	1,347

大分県域は山が多く、九州の他の県域との交通も不便であった。そのために江戸時代には大坂（のちの「大阪」）との交易を重んじ、瀬戸内海に面した宇佐が交易の拠点として繁栄した。戦国時代には大友宗麟（おおともそうりん）が本拠地とし、キリシタン大名となってヨーロッパの最新の文化を日本に持ち込んだ。しかし、大分に独自の文化を生み出すことはできなかった。一方、国東半島の山間には山岳信仰が広まった。現在も多くの神社や寺院が残っている。

大分県は山が多いためか、銘柄牛に取り組んだのは1935（昭和10）年頃からである。最近になり大分の穀物を飼料にして、ストレスの無い自然と耶馬渓の良質水による養豚が成功し、銘柄豚も誕生している。

2001年度、2006年度、2011年度の大分市の1世帯当たり生鮮肉購入量は、2006年度と2011年度については九州地方全体の1世帯当たりの購入量や福岡市の1世帯当たりの購入量より多い。ただし、2011年度の生鮮肉と牛肉の購入量は、同じ年度の九州地方や九州内のほかの県の県庁所在地全体の1世帯当たり、または福岡市の1世帯当たりのと同じく少なくなっているのは、2010年の家畜の感染症の発症によるものと思われる。豚肉と鶏肉の購入量は2010年の感染症の発症の影響を受けなかったようである。

大分市の1世帯当たりの生鮮肉に対する牛肉の購入量の割合は、2001年度は約23%で、他の県と同じように20%台であるが、2006年度17.2%、2011年度18.7%であった。豚肉の購入量の割合は29.1～36.2%、鶏肉の購入量の割合は33.1～37.7%で、他の県と大差はない。

凡例　生鮮肉、牛肉、豚肉、鶏肉の購入量の出所は総理府発行の「家計調査」による

知っておきたい牛肉と郷土料理

銘柄牛の種類

❶豊後牛（ぶんごぎゅう）

すでに大正時代から豊後のウシ（種雄牛）は優秀と評価されていた。その血統を受け継いでいる黒毛和種が「豊後牛」である。脂質の構成脂肪酸としてオレイン酸が多く、肉質はきめ細かく、霜降りの状態も適度に入り上質肉。まろやかで、口腔内では溶けてしまうほどの軟らかさである。ストレスの無い自然環境の中で肥育されている。生産者は、大分県豊後牛肉銘柄促進協議会。2007（平成19）年に地域団体商標として登録され、2013（平成25）年には豊後牛の3等級以上のものは「The・おおいた豊後牛」の名でよばれるように統一している。豊後牛の基準は「黒毛和種であり、大分県内で最も長く肥育され、生後月齢が36か月未満で、肉質等級が2等級以上である」ことと決められている。

繁殖用の豊後牛は九重飯田高原で飼育され、肥育は大分県北部で行われているものが多い。

❷豊後山香牛（ぶんごやまがぎゅう）

杵築市山香町の自然環境の中で飼育された黒毛和種。軟らかく、コクと風味があり、山香牛のロースの炭火焼、牛丼など山香町の地域の名物料理となっている。

- **豊後牛の美味しい料理**　脂質の構成脂肪酸としてオレイン酸が多いので、うすめに天然塩を振って軽く炙るか、しゃぶしゃぶにすると肉本来の味が分かる。

知っておきたい豚肉と郷土料理

銘柄豚の種類

❶天領（てんりょう）もちぶた

グローバルビッグファーム㈱が、コンサルタント獣医の指導のもとに安全で美味しい豚肉を作り上げる目的で「和豚もちぶた」を飼育している。「天領もちぶた」の飼料は、主にトウモロコシや大豆粕、米からなる、抗生物質を含まない飼料を開発して与えて飼育している。肉質はきめ細やかで、もっちりとして軟らかくさっぱりした脂肪の肉質である。脂質の構成脂肪酸としてオレイン酸が多く、リノール酸の割合が少ないのが特徴である。脂肪組織は甘みとうま味があり、軟らかいのが特徴である。

❷錦雲豚（きんうんとん）

大分県の福田農園が、耶馬渓の大自然の中で主に穀物を含む飼料を与えて飼育したブタで、2012（平成14）年に銘柄豚として登録。その肉質は高級であると評価されている。餌に米を使用することにより、きめ細やかな肉質で、軟らかい。冷めても美味しいとの評価である。

知っておきたい鶏肉と郷土料理

❶豊後（ぶんご）赤どり

品種はニューハンプシャー種×ロードアイランドレッドで、専用の飼料で開放平飼いをしている。飼育日数は80日と長く、この間に肉質のよい鶏に仕上げている。肉質は脂肪の含有量は少ないが、身は軟らかく、うま味とコクがあり、美味しい肉と評価されている。

焼き鳥、一尾丸ごと丸焼きにするなど、焼き料理に向いている。

❷豊（とよ）のしゃも

大分県農林水産研究指導センター畜産研究部が繰り返し改良して開発した地鶏。鶏の中では最も美味しいといわれているシャモの肉質を50％受け継いでいる地鶏である。肉質は脂肪が少なく、コクがあるので評判がよい。

鶏肉料理

- **豊のしゃもの炭火焼**　名物料理である。
- **鶏めし**　具は鶏肉とごぼうだけで作る。鶏の脂で鶏肉を炒め、ささがきごぼうを入れて、砂糖、醤油、お酒を入れて煮込み、炊き上がったご飯に混ぜ合わせ蒸らして出来上がり。おにぎりにしてもよい。
- **かしわ汁**　由布市、鶏肉とごぼう、そして季節の野菜の汁物。鶏から出るだしとごぼうの香りが美味しい。
- **なばこっこ**　大分産のしいたけと鶏肉を使った丼物。大分は干ししいたけの一大産地。

- **がめ煮**　筑前煮ともいわれ福岡県のほかに、大分県の一部でもつくられている。

知っておきたいその他の肉と郷土料理・ジビエ料理

大分県も他の地域と同じように、イノシシやシカが増えすぎて、その被害が多くなり、生息数調整のための捕獲を行っている。捕獲したイノシシやシカは衛生的管理のもとに処理・保管され、レストランなどにジビエ料理の提供を依頼している。地元では味噌仕立ての鍋が多いが、レストランでは西洋料理の提案を期待している。

大分県のジビエ料理

捕獲したイノシシやシカの有効利用のために、「大分狩猟肉文化振興協議会」を設立している。とくに日田市は獣肉処理施設管理組合があり、処理施設で適正に処理し、有効利用を考えている。シカ肉は高たんぱく質で鉄分が多いので女性好みの料理を考えているようである。

- **さぶろう鍋**　豊後大野市のイノシシ鍋。大分の焼酎との相性がよい。12世紀後半の豊後の武将、緒方三郎惟栄という人も食べたであろうということから「さぶろう鍋」の名がある。
- **天領鍋（代官鍋）**　イノシシや野鳥を使った日田地方に伝わるおもてなし料理。幕府の直轄領の天領であった日田は、イノシシや野鳥が豊富に獲れた。このイノシシや野鳥を、大根やごぼう、ネギ、セリ、キノコ類など季節の野菜とともに水炊き風の鍋にして代官たちをもてなしたという。三杯酢にもみじおろしや柚子こしょうを入れたツユにつけていただく。

▼大分市の 1 世帯当たり年間鶏肉・鶏卵購入量

種 類	生鮮肉（g）	鶏肉（g）	やきとり（円）	鶏卵（g）
2000 年	45,516	14,864	1,365	34,065
2005 年	44,406	16,343	1,307	32,728
2010 年	54,504	20,462	1,171	33,071

大分県の稲作耕地は標高があるので、ヒノヒカリという品種の稲の栽培が多い。関あじ、関さばなど、早期にブランド化した魚として流通にのせたことで知られている。畜産では「肥後牛」が知られている。

地鶏・銘柄鶏には、九重の赤どり（生産者；藤野屋商店）、豊のしゃも（生産者；内那地どり牧場）、豊後赤どり（田原ブロイラー）、無薬鶏（児湯食鳥）、おおいた冠地どりなどがある。

2000年、2005年、2010年の大分市の1世帯当たりの鶏肉・生鮮肉の購入量は、九州圏内の他の県庁所在地と同じ傾向である。全国では2位になる程である。鶏卵の1世帯当たりの購入量は、九州圏内の他の地域と同じ傾向である。

大分県は唐揚げ専門店発祥の地ともいわれている。戦後間もない頃、宇佐市の中華料理店「来々軒」の店主が、多くの人に安く満腹になってもらいたいと、規格外で市場に出荷できなかった鶏肉を使って唐揚げを作り評判になったことが、唐揚げ専門店の発祥といわれている（「USA・宇佐からあげ合衆国」が調査や情報発信を行っている）。

知っておきたい鶏肉、卵を使った料理

- **とり天** 鶏肉のてんぷら。大分ではポピュラーな鳥料理で、そのままでもよいが、ポン酢や練り辛子を付けても美味しい。九州のファミリーレストランでは、鶏のから揚げとともに、とり天や宮崎のチキン南蛮も定番メニューになっているので、食べることができる。
- **中津から揚げ** 宇佐市や中津市の専門店で作られているから揚げ。各店

独自の冷めても美味しい秘伝のたれで下味を付けており、揚げたてを単品からテイクアウトすることができる。秘伝のたれは、醤油をベースにニンニク、しょうが、フルーツなどを使う。大分県は鶏肉の消費量が日本一といわれている。特に、宇佐や中津といった県北地域では、鶏肉のから揚げ専門店が多い。家庭でもよくから揚げが作られている。

- **鶏めし**　鶏もも肉とごぼうを使った、シンプルだが美味しい吉野地方のおもてなしの郷土料理。ご飯に炊き込むのではなくて、甘辛の砂糖醤油で煮た鶏肉とごぼうを、炊き立てのご飯に混ぜるのが特徴。嫁いできたお嫁さんは、姑からその家の味、作り方を受け継ぐ。
- **だんご汁**　郷土料理。小麦粉で作った平らな団子と、鶏肉、季節の野菜を煮込み、味噌で味付けした料理。鶏肉は、豚との合挽き肉に卵を加えて作った団子を使う場合もある。昔は、美味しいだんご汁が作れると良い奥さんといわれた。各家庭で母から子へ作り方や味が受け継がれている。
- **別府温泉たまご**　地獄の温泉水や蒸気の熱で茹でた温泉卵。98℃もあるコバルトブルーの温泉水が美しい“海地獄”の湯で茹でた温泉卵、噴出する噴気でお供飯を炊いていた“かまど地獄”と鬼山にある“鬼山地獄”の噴気で蒸した温泉卵、の3種類あり、食べ比べができる。

卵を使った菓子

- **和っぷりん、ぷりんどら**　湯布院のお菓子の菊屋が作るお菓子。“和っぷりん”は、小麦粉と卵、和三盆糖で作った蒸しケーキで、特製のプリンをサンドした銘菓。プリンに掛けてあるほろ苦いカラメルソースが良いアクセント。ふんわり仕上がった蒸しケーキと、とろけるプリンの食感がベストマッチして「わっ」と驚く美味しさ。“ぷりんどら”は、小麦粉と卵、和三盆糖で、通常のどら焼きより洋菓子のスポンジのように仕上げた皮で、あっさりとした甘さのプリンと卵をたっぷりと使ったカスタードクリームをサンドした。カラメルのほろ苦さはプリントの相性を何度も試作して完成した。
- **地獄蒸し焼きプリン**　地獄めぐりのお土産。別府地獄の海地獄の温泉で蒸し焼きにしたプリン。材料はシンプルに卵とミルクと砂糖のみ。別府地獄は「海地獄」の他、「鬼石坊主地獄」「山地獄」「かまど地獄」「鬼山地獄」「白池地獄」「血の池地獄」「龍巻地獄」の8つの地獄から構成される。“地獄”とは温泉の噴出口を意味するが、この鉄輪の地は、昔から蒸気や熱湯、熱泥が噴出しており“地獄”とよばれていた。

地　鶏

- **おおいた冠地どり**　体重：雄平均3,300g、雌平均2,800g。「家庭で味わうこだわりの地鶏」。“うまい”“お求めやすい”“やわらかい”をコンセプトに県農林水産研究指導センターが開発した。烏骨鶏、ロードアイランドレッド、九州ロード、白色ロックを交配した。熱を加えても硬くならずにジューシーなので、子供にも高齢者にも人気がある。トサカの部分に特徴があるので名前に「冠」の文字が入った。平飼いで飼養期間は平均90日。おおいた冠地どり銘柄協議会が生産する。
- **豊のしゃも**　体重：雄平均3,500g、雌平均2,800g。平飼いで飼養期間は150～180日と長いので、肉質に弾力があり脂肪も少ない。食すと肉汁の旨味成分が口の中に広がる。軍鶏の雄に、白色ロックとロードアイランドレッドを交配した九州ロードを掛け合わせた。豊のしゃも推進協議会や内那地どり牧場が生産する。

銘柄鶏

- **豊後(ぶんご)赤どり**　体重：雄平均3,000g、雌平均2,800g。開放の平飼いを行い専用飼料を給与し飼養期間は平均90日。旨味とコクがある美味しい肉。コレステロールが少ない。レッドコーニッシュの雄とロードアイランドレッドの雌を交配。田原ブロイラーが生産する。
- **九州の赤どり**　天然水の湧き出る九重連山の裾野で85～90日間飼養。ゆとりのスペースで穀物の多い飼料にハーブも配合。肉質はやわらかく良い香りが特徴。北九福鳥㈱が生産する。

たまご

- **蘭王**　選りすぐった原料に飼料で昔の美味しい卵を作った。飼料原料には、大根の葉や緑茶、米、米ぬか、ニンジン、青野菜、そして鶏の体調を良くするために、ビール酵母、乳酸菌、にんにくの粉を、質を良くするために蟹の殻やカルシウムを使う。品質管理にHACCP方式を採用し、安心と安全を届ける。協和GPセンターが生産する。

- **岡崎おうはん卵**　家畜改良センター岡崎牧場が開発した純国産の卵と肉の兼用種。黄身の割合が多いのが特徴。卵かけご飯だけでなくいろいろな料理に使っても深みのある味が楽しめる。与える水は地下150mから汲み上げFFC活水器を通している。安心安全な卵を届ける大分ファームが生産する。
- **ぶんご活きいき卵**　安心安全な卵のために、鶏と鶏に与える飼料と水にこだわって育てた鶏が産んだ卵。鶏は生後400日までの若い鶏で、飼料はこだわりの独自配合、水は地下水を汲み上げFFC処理している。大分ファームが生産する。

県鳥

メジロ（メジロ科）　留鳥。目の周りが白いので目白。英名はJapanese White-eye。腹部以外の羽は、ウグイス色をしている。和歌山県も県鳥に指定。

汁　物

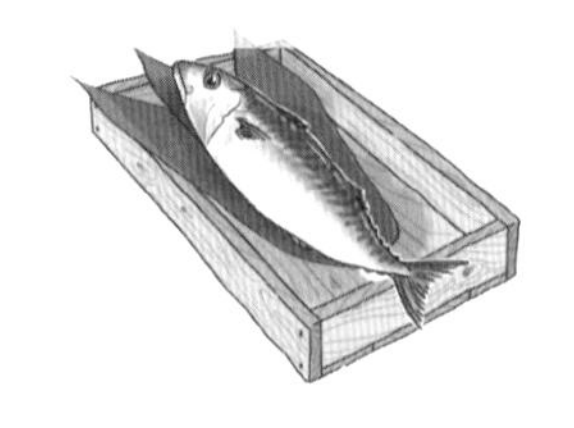

汁物と地域の食文化

大分県は九州地方の北東に位置し、周防灘、瀬戸内海、豊後水道に面しているので水産物は豊富である。また、山岳地帯は、休火山群に囲まれて内陸性の気候となっている。地形や地質は多様性で気候は複雑である。

かつては、稲作の不作のときもあり、コメの代わりにイモ類や小麦粉の団子などに頼らねばならない時代もあった。サツマイモを干した「いもきり」は麦飯、粟飯と同じように庶民の日常食の時代もあった。

湯布院町の地鶏とゴボウの醤油仕立ての「かしわ汁」は、魚の吸物よりも高級料理だったこともあった。宇佐市内を流れる駅館(やっかん)川で獲れるモズクガニを使った「がん汁」は、重要なたんぱく質供給源となる郷土料理であった。玖珠地方の郷土料理に、小麦粉の団子を入れた「子育てだんご汁」がある。源平の時代に作られた、イノシシ肉や野菜を入れた味噌仕立ての鍋は「さぶろう鍋」の名がある。

汁物の種類と特色

大分県は、「一村一品」運動が進められ、地域ごとの特産物づくりに力を入れているためか、郷土料理の種類は多い。山の多い地形のため、果樹栽培が盛んである。代表的なものにカボスがある。目立った食材ではないが、カボスのもつ香りと酸味は、カボスを使わない料理に比べると、飛躍した美味しい料理に仕上げてくれる。大分県のシイタケの質も高く評価されている。シイタケのうま味（グアニル酸）は澄まし汁には欠かせない食材である。ほご（カサゴの地方名）の吸物の「ほごの吸物」にはカボスやダイダイなどの香りと酸味のあるかんきつ類が必要である。豊後水道で獲れるトラフグの「ふぐちり」（鍋）には、昔から肝臓を擦り潰し合わせたカボス醤油のタレが添えられている。

大分県はサツマイモの料理が多い。サツマイモの粉を練って延ばし、麺

凡例　1世帯当たりの食塩・醤油・味噌購入量の出所は、総理府発行の2012年度「家計調査」とその20年前の1992年度の「家計調査」による

線状に細長く切ったイモ麺は、豚肉・鶏肉・魚肉のだし汁に入れ、薬味を添えて食するのが「いもきり汁」である。淡水のドジョウとカニを使った汁物には、泥を吐き出させたドジョウを季節の野菜や油揚げと一緒に煮て、醤油で味を付ける「どじょう汁」、宇佐市内の川に棲息するモズクガニをつぶして、水をかけながら濾した濾し汁を火にかけ、熱くなったら刻んだ高菜を入れる「がん汁」である。

小麦粉に塩と水を加えた生地で作った団子を入れた「だんご汁」は、季節により具材の野菜類が違い、春はタケノコ、ジャガイモ、青菜を使うが、秋はダイコン、ハクサイ、ゴボウなどを使う。鶏肉とゴボウの「かしわ汁」の他、「マダイ潮汁」や「野菜汁」のような素材を活かした汁物がある。小麦粉で練った団子と季節の野菜を入れた味噌仕立ての「子育てだんご汁」は、食育にも結び付くネーミングである。親指ほどの大きさの団子と季節の野菜を一緒に煮込んだ「手延べだんご汁」は冷蔵庫に残っている野菜を使うことのできるエコ汁である。かしわ汁に似ている「鶏汁(けいじる)」は、九重地方の郷土料理で、鶏肉とゴボウのほか、コンニャクやサトイモを加える。

食塩・醤油・味噌の特徴

❶食塩の特徴

九州最東端の豊後水道・鶴見崎一帯の海水を汲み上げた製塩が行われている。

❷醤油・味噌の特徴

明治時代からの醤油・味噌の醸造元が多い。古くから、醤油・味噌の醸造が続けられているのは、仕込み水、麹の働きやすい気候条件などが醤油・味噌作りに適していると考えられる。

1992年度・2012年度の食塩・醤油・味噌の購入量

▼大分市の1世帯当たり食塩・醤油・味噌購入量（1992年度・2012年度）

年度	食塩（g）	醤油（mℓ）	味噌（g）
1992	2,771	13,275	11,203
2012	1,703	5,973	6,461

▼上記の1992年度購入量に対する2012年度購入量の割合（%）

食塩	醤油	味噌
61.5	45.0	57.7

1992年度の1世帯当たりの食塩・醤油・味噌の購入量は、九州地方の他の県庁所在地の購入量に比べれば多いほうであったが、2012年度の食塩と醤油の購入量は、少なくなっている。

1992年度の食塩・醤油・味噌の購入量に対する2012年度の購入量の割合が減少していることは、食生活様式の変化が考えられる。漬物は作らなくなり、また醤油や塩、砂糖で味つけられている惣菜を利用すれば、家庭では醤油も食塩もいらない。味噌汁だけを家庭で作る場合もあり、少人数の家庭の場合は、味噌の消費量が少なくなるから、味噌の購入量も少なくなる。

地域の主な食材と汁物

大分県は、周防灘、瀬戸内海、豊後水道などに面しているので、漁業資源に恵まれている。内陸部の九重連山や湯布院などの火山や九州山地では平坦地を利用してコメ、ムギ類、大豆を栽培している。郷土料理の種類が多いことから、とくに九重町ではシイタケを特産物とし、大分県がシイタケの生産地としたことに貢献している。かつて、豊後の国の大友宗麟(1530～87）は、南蛮文化の導入に積極的であった。この時代に、カボチャの栽培を導入したと伝えられている。

大分県の南東部は豊後水道が接して、沿岸はリアス式海岸なので、魚介類が棲息、または回遊し、魚介類に恵まれている。特に、佐賀関の漁業協同組合は、豊後水道で漁獲されるマサバマアジは、魚のブランド化を実践し、日本の魚介類の価値を上げることに成功したといえる。内陸部の山間では、かつて不足しがちな米を食い延ばすために、主食代わりになる食べ物を工夫し、団子汁やめん類の利用が考えられた。

主な食材

❶伝統野菜・地野菜

臼杵の大ショウガ、青長地這キュウリ、やせぞ（西洋クレソン)、シイタケ、その他（白ネギ、小ネギ、ダイコン、キャベツ、ハクサイ、サツマ

イモ、トマト、ピーマンなど)

❷主な水揚げ魚介類

リアス式海岸を利用して、魚介類の養殖が盛んである。養殖物として、ブリ、ヒラメ、マダイ、ヒオウギガイ、クルマエビ、カキ、ノリなど

❸食肉類

豊後牛

主な汁物と材料(具材)

汁 物	野菜類	粉物、豆類	魚介類、その他
かしわ汁	ゴボウ		地鶏、調味(醤油/酒)
おきがざみ汁			調味(塩)
まだい潮汁			マダイ、調味(塩)
野菜汁	ほうれん草、ダイコン		味噌汁
ほごの吸物	ネギ、山椒の葉、カボス、ダイダイ	豆腐	ほご(=カサゴ)
どじょう汁	サトイモ生茎、サトイモ、ナス、カボチャ	豆腐、油揚げ	ドジョウ、油脂、調味(醤油/味噌)
がん汁	高菜		がん(=モズクガニ)、調味(塩/醤油)
だんご汁	サトイモ、ダイコン、ハクサイ、ゴボウ、ネギ、サトイモ生茎、切り干し大根、タケノコ、ジャガイモ、青菜	小麦粉→団子	いりこ(だし)、味噌仕立て
子育て団子汁	野菜	小麦粉→団子	味噌汁
のっぺい汁	ニンジン、ゴボウ、サトイモ、ダイコン	油揚げ、かたくり粉(あんかけ用)	コンニャク、調味(塩/醤油)
手延べだんご汁		小麦粉→手延べ団子	いりこだしの醤油仕立ての汁
ぼけ汁	野菜		魚介類(漁船での漁師料理)

冷や汁		ご飯	焼き魚、だし汁、味噌
山芋のおとし汁	ヤマイモ（擦って、鍋に落とす）		鴨汁
武者汁	野菜の天ぷら		魚介類の天ぷら油仕立ての汁

郷土料理としての主な汁物

- **ほごの吸物**　「ほご」とは「カサゴ」のこと。カサゴはウロコが大きく、背びれがとげとげしいので、調理の際は怪我をしないように注意する。吸物には小形のカサゴが使われる。頭、エラ、内臓を除いて、醤油仕立てで作られる。椀に盛るときには、大分の果実のカボスをのせる。
- **どじょう汁**　ドジョウは泥を吐かせておく。鍋に油をひき、生きたままドジョウを入れる。ドジョウが飛び跳ねるので蓋をして、ドジョウが跳ねなくなったら、醤油または味噌で味をつけ、野菜も豆腐も入れて煮る。
- **がん汁**　「がん」は「モクズガニ」のこと。このカニを石臼（ミキサーでもよい）で擦り潰し、ザルに入れる。水を加えてろ過する。ろ液を鍋に移して加熱する。加熱すると、たんぱく質が浮いてくる。その中に高菜や豆腐を入れる。農作業のヒマを見てカニを獲り、客へのもてなしに供する。宇佐市内を流れる駅館川でモクズガニを獲った。
- **だご汁**　直入（なおいり）地区ではご飯と同じように、主食としても利用する。イリコのだし汁にサトイモ、ダイコン、ハクサイ、ゴボウ、ネギ、サトイモのズイキなどを煮て、これに小麦粉に水を加え平らに延ばした生地を手でちぎって入れる。家族が囲んで食べる。
- **かしわ汁**　地鶏とゴボウを使い、醤油と酒で味付けをした汁物。山に囲まれた湯布院の郷土料理。かつては、祝い事や親戚が集まった時に作った。
- **ごまだしうどん**　佐伯市の漁師料理から生まれた郷土料理。白身魚のエソを焼いて擦り潰したものに、ゴマ、醤油を混ぜる。これを「ごまだし」という。茹で麺にごまだしをのせて、お湯をかけたもの。
- **さぶろう鍋**　イノシシ肉、サトイモ、コンニャク、シイタケ、ネギの5点セットを味噌仕立ての鍋で煮込んだもの。大分の武士・緒方三郎惟栄（これよし）

が活躍した時代に作られたものといわれている。

- **鯛麺**　姫島村の漁師が生んだ郷土料理。うどんの上に瀬戸内海で獲れたマダイ（平釜で炊く）をまるごとのせる。結婚式などのお目出度いときに供する。広島に同じような郷土料理がある。
- **鶏汁**（けいじる）　鶏肉とゴボウ、コンニャク、レンコン、サトイモなどを砂糖や醤油で煮る。かつては、盆、正月、祭りなどに作った。玖珠九重地方の郷土料理。
- **冷や汁**　大分県では沿岸部に、いろいろな形で定着している郷土料理。佐伯市では、その日の朝に水揚げされた魚を焼き、ほぐしたを身をすり鉢で擦り潰し、味噌とだし汁をかけて混ぜる。薬味をのせ、ご飯にかける。
- **ぼけ汁**　漁師が船の上で作る漁師料理。漁に出る時に、サツマイモや味噌などの食材をもって行き、漁で水揚げした魚を使って作る鍋料理。
- **山芋のおとし汁**　山芋、鶏、ゴボウの３品を使った料理。だし汁にゴボウ、鶏肉を入れて加熱し、沸騰したら、ヤマイモのおろしたものを一口大にして落とす。

伝統調味料

地域の特性

▼大分市の１世帯当たりの調味料の購入量の変化

年　度	食塩（g）	醤油（ml）	味噌（g）	酢（ml）
1988	3,496	19,898	16,149	2,678
2000	1,975	9,458	9,103	2,881
2010	2,383	8,869	8,930	1,654

大分県域には山が多く、県内は小さい地域に分断され、交通の便も悪く、目立たない地域のようであるが、戦国時代は大友宗麟（そうりん）が南蛮文化を積極的に導入し、独特の文化を築こうとしたこともあった。今も栽培されているカボチャ（日本カボチャ）は、大友宗麟がポルトガル人から譲り受けたもので、「宗麟カボチャ」ともいわれている。当時は、保存性のある野菜として貴重な食べ物であった。最近は、カボチャパン、カボチャアンパン、カボチャ餅など、カボチャを材料とした食品やカボチャすし酢などの調味料を考案している。

大分県の名産のカボスはかんきつ類のダイダイ（代々）の一種で「カブス・亜橙」ともいわれている。普通のダイダイよりは小さく、酸味の強い果汁が多い。この果汁は鍋物の具を食べるときに汁や具にかけるほか、果実酢として利用されている。大分県の名産品にはカボスを使った調味料が多い。

大分県特産の「ゆずコショウ」は、ご当地調味料として知られている。コショウとよばれるが、実際にはユズ風味のトウガラシペーストである。トウガラシを粗く刻み、ユズの果皮と塩を入れて磨り潰し、軽く熟成させたものである。本来の呼び方は「ゆずごしょう」という。トウガラシは青トウガラシが使われることが多いが、赤トウガラシが使われたものもある。赤トウガラシと黄ユズを材料として作ると朱色のゆずコショウに仕上がる。

地元では、鍋料理やみそ汁、刺身の薬味として用いられる。物流がよくなり、アンテナショップができたため全国的にもよく知られるようになっている。もともとは、和風の団子汁、うどん、みそ汁、刺身、天ぷら、焼き鳥などの和風料理に使われていたものであるが、最近はイタリア料理、フランス料理などいろいろな国の料理にも使われている。

大分県はサツマイモを利用した料理が多い。そのうちの一つの「いもきり汁」は、サツマイモの粉に水を加えて練って伸ばし、麺状に細長く切って茹でた芋の麺である。豚肉・鶏肉・魚肉を入れただし汁に、ネギ・トウガラシ、またはゆずコショウを添えて食べる。

大分県には、臼杵市、中津市、日田市など各地に味噌・醤油を製造している会社があり、古くから地元の人々によって利用されている。創業慶長5（1600）年という古い会社もある。

大分県は、だしの材料として重要な「シイタケ」の産地として知られている。大分のシイタケは、ドンコといわれ、クヌギで栽培し、風味のよいことで知られていて、特産品として全国に普及している。江戸時代前期の寛永5（1628）年に、緒方地区で初めて発生が発見され、その後、幾多の人工栽培が試みられている。昭和17（1942）年に、群馬の桐生の森喜作氏が、大分の純粋培養菌種を発見し、栽培技術に成功してから、飛躍的に人工栽培が発達し、現在に至っている。

大分県には、サツマイモの収穫時期にはサツマイモの粉を利用した団子をつくる地域が多い。この団子の甘味料に黒砂糖を使うことが多い。大分市の「にぎりだんご」、鶴見町の「ねり、いとこねり」「かんくろだんご」、宇佐市の「いももち」、国東（くにさき）町の「かんころもち」などがある。寒い時期には、みそ汁に小麦粉ベースの団子を入れた「だんご汁」を食べるなどの習慣もある。

知っておきたい郷土の調味料

大分県は、筑後川、駅館（やっかん）川、大野川、大分川があるので伏流水に恵まれている。清酒の醸造会社は九州では多いほうである。味噌・醤油の会社も多いのは、仕込み水がよいためと考えられる。

醤油・味噌

- **古くからある醤油・味噌の蔵元**　慶長5（1600）年創業の可児醤油合資会社は、老舗の味を自慢している。文久元（1861）年創業のフンドーキン醤油㈱、明治16（1883）年創業の富士甚醤油㈱、明治32（1899）年創業の合名会社まるはら（原次郎左衛門の味噌醤油）など古い時代に創業し、昔からの伝統的技法を守りつつも、新しい感覚の製品を開発している会社が多い。古くから醤油・味噌づくりを続けているということは、仕込み水ばかりでなく、気候も麹の働きやすい条件の地域であるからと推測できる。

  「家伝つゆストレート」のネーミングには伝統と新しい感覚がうかがえる。
- **ニンニク隠し味醤油**　各種の調味醤油が出回っている中で、ニンニクを前面に出した調味醤油は、ニンニクの効果が目に見えるようなネーミングでもある。
- **かぼす醤油**　大分県にも柑橘系の果汁を醤油に加えたものがあることを提案した商品である。このメーカーのフジヨシ醤油㈱は、「カトレア」のブランドで、高級加工の醤油も提供している。
- **うすみそ・カニ醤油**　可児醤油の屋号は鑰屋（かぎや）で、「うすみそ」「カニしょうゆ」のブランドで410年以上も親しまれている（「カニ」は魚介類の「カニ」ではない。可児醤油の「カニ」である）。

食塩

- **大分の塩の歴史**　かつては、大分県の塩田は瀬戸内海沿岸の広大な干潟を干拓してつくり、入浜式塩田で行われた。平安時代の頃は、別府湾で製塩が行われていたと伝えられている。慶長15（1610）年から元和8（1622）年までは、姫島でも小規模な塩づくりをしていたといわれている。
- **つるみの磯塩**　九州最東端の豊後水道・鶴見崎一帯の海水を汲み上げて製塩している。海水は濃縮釜で濃縮してから、分別結晶を行っている（㈲サンワールドつるみ）。

ドレッシング・ソース

- **フンドーキンのドレッシング**　ドレッシング、ポン酢、柚子コショウの生産量は九州一である。ドレッシングには「とろとろパンプキンドレッシング」「とろふわコーンドレッシング」など商品の物性を表現したソースが多い。その他、和風ドレッシング、梅ドレッシング、ごまドレッシングなど広く使われているネーミングのものもある。
- **ポン酢系**　フンドーキンはかぼす果汁、ゆずポン酢、すし酢、からし味噌酢なども製造販売している。
- **あつめしたれ**　船上の漁師めしを「あつめし」という。魚の刺身を甘めのタレに漬け込み、これを丼飯にのせて食べる郷土料理。この時のタレが「あつめしたれ」である。魚の刺身のヅケ、焼き鳥のタレにも合う。

だし

- **ごまだし**　佐伯地方の伝統食の「ごまだしうどん」の「ごまだし」だけを製品にしたもの。豊後水道でとれるエソという白身魚を焼いて、ほぐして、ゴマと一緒に磨り潰し、醤油を加えてペースト状にしたもの。お湯で溶いて使う。ゴマの風味と魚のうま味を味わうことができる。うどんの汁だけでなく、お浸しなどにもよい。

郷土料理と調味料

- **梅びしお**　日田市大山町の梅干しを使ったなめ物。町内を流れる大山川の上流域は林業の盛んなところで、ここで働く人の休憩の時に嘗める。酸味が疲れを癒すからである。
- **カボス**　大分県はカボスの産地である。酸味が強く果汁が多いので果実酢として用いる。乾燥した皮はいぶすと、蚊取り線香の効果があることから臭橙（かぶす）ともよばれている。

発　酵

塩麴

◆地域の特色

「日本一のおんせん県おおいた」をキャッチフレーズにしているように、別府温泉や由布院温泉をはじめとする多くの温泉を有し、源泉数（4538カ所）、湧出量（29万1340ℓ/分）ともに日本一である。山地の占める割合が大きく、西部には九重連山、南部には祖母山、傾山がそびえる。このうち九重連山の中岳は1791mと、九州本土の最高峰である。平野部は中津平野、大分平野、佐伯平野など限られた地域に分布している。海岸部は、北部で瀬戸内海に面する。中部では豊後水道を挟んで四国地方に接しており、その最狭部の豊予海峡の幅は10kmほどである。南部の日豊海岸にはリアス式海岸が発達しており、日豊海岸国定公園に指定されている。

平松守彦前県知事が提唱した一村一品運動によって、各地で特産品を産み出す試みがなされている。農産物では、干し椎茸およびカボスが生産量日本一である。干し椎茸のうちでも特に、高級品として珍重される身が厚く表層に星型の亀裂が入る冬菇（どんこ）が有名である。野菜は、白ネギ、小ネギ、トマト、イチゴなど、果樹はナシ、ブドウ、ハウスみかん、カボスなどが生産されている。

水産業は中高級魚介類が中心で、そのため海面漁業生産量が全国23位であるのに対して海面漁業生産額が10位と高くなっている。特に関あじや関さば、城下かれいはブランド魚として知られる。県南部では養殖も盛んで、ブリ（全国2位）、カンパチ（全国3位）、クロマグロ（全国3位）、ヒラメ（全国2位）などが生産されている。

◆発酵の歴史と文化

江戸時代、豊後国（ぶんごのくに）、大分はまだ日本酒王国で、焼酎も酒粕を原料に「粕（かす）取（とり）焼酎」が盛んに造られていた。明治時代中頃になると焼酎の製造技術の進歩はめざましく、白糠や穀物を原料とした焼酎が造られるようになった。

1951（昭和26）年、麦の統制撤廃とともに本格的な麦麹の利用が始まり、1973（昭和48）年に原料が大麦で、麹も麦麹を使った「麦100％の焼酎」が二階堂酒造から発売された。その後、三和酒類とともに、蒸留法や濾過法などの技術革新がなされ、香ばしく、まろやかな味の本格麦焼酎の製法が確立された。1979（昭和54）年に当時の平松守彦知事が提唱した一村一品運動とも連動して、日本全国で麦焼酎ブームが巻き起こった。

本来、伝統的な麦焼酎は長崎県の壱岐で造られていたが、それは米麹を使った麦焼酎であった。本家をしのぐ全国的な人気を獲得し、麦焼酎生産量で全国一の県となった。

もう一つ、大分県から全国的な発酵食品として送り出されたものに、「塩麹」がある。佐伯市の老舗麹メーカー糀屋本店が、麹の新たな利用法を模索していた中で江戸時代の書物『本朝食鑑』に野菜や魚の漬床としての塩麹漬けの記述を見つけ、その後、麹、塩、水の配分を整えて「塩麹」と名付けて2007（平成19）年に商品化したのが始まりである。その手軽さや料理に使うとおいしさが増すことなどが評判となり、2011（平成23）年頃には全国の醸造業者からも順次発売されるようになった。「塩麹」は現在では各家庭で造られるほか、大手メーカーも参入して新たな市場を形成し、味噌、醤油、みりんと並ぶ基本調味料として定着している。

大分県は、従来の埋もれた発酵文化をもとに新しい技術を加え、麦焼酎と塩麹という新たな発酵食品を作りだしたという点で発酵先進県である。

◆主な発酵食品

醤油

大分県では甘口の醤油が好まれる。地元では、「香りは関東の醤油がよいが、味は九州の醤油がおいしい」といわれている。戦後、甘味料を加えるようになり、ますます甘くなった。ここでは、「甘い」は「うまい」に通じる。歴史的にみて、九州は長崎貿易で砂糖が比較的容易に入手できたことで、日常的に甘みを好む傾向がある。大分県で長崎から続くシュガーロードの近くに位置する日田では、醤油の甘さが県内一といわれている。

フンドーキン醤油（臼杵市）には、ギネスブックで世界一大きいと認定された、高さ、直径がともに9mの木桶がある。この桶で540kℓ（1ℓの醤油パック54万本分）の醤油が造られている。その他、カニ醤油（臼杵市）、富士甚醤油（臼杵市）、日田醤油（日田市）、フジヨシ醤油（別府市）、田中醤油店（中津市）などがある。

味噌

大分県は、麦味噌発祥の地とも呼ばれる。麦味噌の最大の特徴は、その香りで、味噌汁に味噌を溶き入れると、麦のいい香りがふわっと広がる。上記の醤油メーカーのほか、ユワキヤ醤油（大分市）、日田醤油（日田市）、糀屋本店（佐伯市）などで造られている。

日本酒

大分県は、かつては豊後国と呼ばれ、日本酒の名産地だった。大分の酒造りが記された最古の文献とされるのが、室町時代の1468（応仁2）年に京都、東福寺の僧侶が記した『壁山日録』という日記である。そこには「豊後練貫酒」が紹介されている。もち米、白米、麹、焼酎を一度に仕込み、30～40日してから臼でひき、絹漉ししたもので、現代の白酒のようなものと推定されている。同様のものに「博多練酒」がある。

その後、江戸時代の豊後国に、「麻地酒」が誕生する。麻地酒は、蒸し米、米麹、水を仕込み、密封して土の中に埋め、翌年の夏まで熟成させて造る甘口の濁り酒。『甫庵太閤記』『御伽草子』にもその名が登場する。大分の日本酒は、この麻地酒の製造工程の流れをくんだ酒といえる。

重要伝統的建築物群保存地区に指定されている日田市豆田町の一角で、1702（元禄15）年に建てられた蔵をはじめ、5棟の蔵がすべて建築当時の姿で残っている全国的にも珍しい酒蔵群で、今でも仕込みを行っているクンチョウ酒造（日田市）のほか、萱島酒造（国東市）、八鹿酒造（玖珠郡）、小松酒造場（宇佐市）、井上酒造（日田市）など約25の蔵がある。

耶馬の白酒

しまざわ（中津市）で、上記の豊後練貫酒の製法を受け継いでいる白酒が造られている。アルコール度数は12度ある。

焼酎

大分県の本格焼酎の出荷量は、芋焼酎が主体の宮崎県、鹿児島県に次いで3位（2017年度実績）である。麦焼酎の製造量では大分県がトップである。美しい海や雄大な山々に囲まれた自然豊かな土地で清らかな水にも恵まれており、焼酎造りには適した地域である。また、古くから麦麹を用いた味噌造りが盛んだっただけに、焼酎用の麦の品種も開発されている。かつて焼酎ブームを牽引した三和酒類（宇佐市）と二階堂酒造（速見郡）のほか、四ッ谷酒造（宇佐市）、小野富酒造（佐伯市）など、約25の製造場がある。

ビール

サッポロビール九州日田工場（日田市）のほか、クラフトビールとして、ゆふいんビール（由布市）、くじゅう高原開発公社（竹田市）などで造られている。

ワイン　一時期ブドウ栽培面積が西日本一だったこともあり、九州の中ではワイナリー数が最も多い。特に、山に囲まれた盆地で昼と夜の気温差が大きく、高品質なブドウ栽培に適している安心院（あじむ）町にある、三和酒類安心院葡萄酒工房（宇佐市）では、シャルドネ、ソーヴィニヨン・ブランなどのほか、日本固有品種の小公子などで高品質なワインが造られている。その他、湯布院ワイナリー（由布市）、久住ワイナリー（竹田市）、高倉ぶどう園（竹田市）などで造られている。

塩麹　糀屋本店（佐伯市）の塩麹開発者である浅利妙峰は、自らをこうじ屋ウーマンと名乗り、講演会や料理講習会などを通じて、麹文化の普及と伝承に心血を注いでいる。国内ばかりではなく、イタリア、アメリカ、メキシコなど海外での麹文化の普及活動にも力を入れている。

甘酒　ぶんご銘醸（佐伯市）、麹屋本店（佐伯市）、井上酒造（日田市）などで、さまざまなタイプの甘酒が販売されている。

銀杏酢　速見郡日出町で造られている、ギンナンを原料として静置法により酢酸発酵させた醸造酢である。

鮎魚醤（あゆぎょしょう）　アユを原料とする魚醤である。日田市の玖珠川などの河川で古くからアユの漁や養殖が盛んだった。老舗の醤油メーカーである、まるはら（日田市）がアユを魚醤にすることを考え、大分県産業科学技術センターと共同で開発を進め商品化されたものである。

鮎うるか　三隈川、大野川など、県内には多くの清流が流れており、これらの流域で獲れるアユを使った「鮎うるか」が作られている。「うるか」とは塩辛のことである。「うるか」には、アユの身、内臓を使った「身うるか」、真子、白子を使った「子うるか」、内臓のみを使った「にがうるか」の3種類がある。大分県で「鮎うるか」というと「にがうるか」を指すことが多い。

吉四六漬（きっちょむづけ）　玖珠郡の玖珠九重農業協同組合が製造している醪（もろみ）漬けの漬物である。吉四六は、大分県中南部で伝承されている民話の主人公の名前である。

細切野菜醤油漬け　ダイコン、ニンジンを細く切り、醤油漬けにしたものである。

◆発酵食品を使った郷土料理など

白酒煮　中津城下では白酒が盛んに造られ、桃の節句（ひな祭り）だけではなく1年を通じて飲まれていた。この白酒で塩魚を煮る、中津市の郷土料理である。

埋味噌（うずみみそ）　ひめいち（ヒメジ）という白身魚を素焼きにして身をほぐし、すり鉢ですり潰したものに、赤味噌、砂糖、みりんを混ぜ合わせ、焼いた料理である。

手延べだんご汁　平たく延ばした小麦粉の団子と、ゴボウ、ニンジン、シイタケ、サトイモなどの野菜を入れて煮込んだ味噌または醤油仕立ての郷土料理である。

きらすまめし　醤油に漬けた魚の身におからを和えたもので、臼杵市の郷土料理である。

高菜巻き　日田地方の郷土料理で、海苔の代わりに高菜漬けを使った巻きずしである。たかなずしと呼ばれることもある。

温飯（あつめし）　新鮮なアジやサバ、ブリなどをさばいて海水でさっと洗い、一口大に切ったものを醤油ダレに浸け、ご飯にのせる。漁師のまかないめしで佐伯市の郷土料理である。

りゅうきゅう　脂ののったサバやブリの切り身に甘口の醤油、ネギ、ショウガ、すりごまを加えて漬け込んだ料理である。

たらおさ　タラのエラと内臓の乾物を干し筍などと一緒に、醤油と砂糖で煮たもので、日田の郷土料理である。ここで用いられる日田の醤油は、県内で最も甘いといわれている。

◆発酵にかかわる神社仏閣・祭り

白鬚田原神社（しらひげたわら）**（杵築市）　どぶろく祭り**　毎年10月17日、18日に行われる祭である。氏子たちによって仕込まれたどぶろくを、五穀豊穣を感謝して神に捧げるという神事が710（和銅3）年から1300年以上続いている。参拝者にはどぶろくが振る舞われる。

五所明神社（ごしょみょう）**（佐伯市）　甘酒祭り**　佐伯藩の一之宮という歴史ある神社で、毎年12月15日に開かれる祭りである。湯立て神楽、綱切り神楽などの奉納が行われ、参拝者には糀屋本店の甘酒が振る舞われる。

櫛来社（岩倉八幡社）（国東市）　ケベス祭　毎年10月14日に行われる火の粉散らす天下の奇祭で、起源や由来は一切不明の火祭りである。夕闇に包まれた境内に近くの海で禊ぎをした「トウバ」が、白装束に身を固めて集まる。10日前頃からお神酒として甘酒を造り、祭りのはじめと終わりに振る舞われる。

大原八幡宮（日田市）　粥だめし　毎年3月15日に開催される祭りで、鎌倉時代から伝わる。小豆飯を盛られたお盆に生えるカビの生え具合、色、凹凸を見て占うものである。粥だめしは二つのお盆で行われ、一つは五穀の豊凶を占う「五穀盆」と日田の天変地異を占う「地形盆」である。1カ月前に調製したお盆を神殿の奥に収めておき、古老たちにより判読される。県指定の無形民俗文化財である。

◆発酵関連の博物館・美術館

薫長酒蔵資料館（日田市）　クンチョウ酒造の1826（文政9）年に建てられた蔵を利用した資料館で、江戸時代～昭和初期にかけて酒造りに使われた木桶や酒袋などの道具類が展示されている。

天領日田洋酒博物館（日田市）　ニッカウヰスキー創設者の竹鶴政孝氏の設計した巨大なウイスキー蒸留釜をはじめ、洋酒に関する多数のコレクションが展示されている。

◆発酵関連の研究をしている大学・研究所

別府大学食物栄養科学部発酵食品学科　日本酒、醤油、味噌などの発酵食品から、バイオテクノロジーを利用した環境浄化、さまざまな発酵生産に関して学ぶことができる。学生たちが開発した「別府温泉水あまざけ」が販売されている。

発酵から生まれたことば　袖の下

不正な金銭や品物などの贈り物（賄賂）を意味する言葉で、役人などに便宜をはかってもらいたいときに、その対価として内密に渡すことを「袖の下を渡す」という。

明治時代、酒税は国家予算の半分近くを占める主要な財源であった。当時の酒税は造石税であり、でき上がった酒の量により蔵元が税金を払っていた。税務監督局（現在の税務署）の役人は、冬の仕込みが終わり酒ができ上がると酒造場へ行き、1本1本のタンクの中の酒の量を、尺という長い物差しで液面までの距離を測定して、検定した。尺の目盛りの読み方により、検定量は増減するわけである。実際より少ない酒の量として検定を受ければ、払う税金はそれだけ少なくなる。このとき、長い袖の着物を着た役人の側で、蔵元の主人が目盛りの読み方を有利にしてもらうように、袖の下に金銭を忍ばせたことが語源だといわれている。タンクの側で長い棒状の尺を持つ手には長い袖が下がっていて、袖の重さを感じながら、目を凝らして目盛りを何度も読み直したと伝わっている。

和菓子／郷土菓子

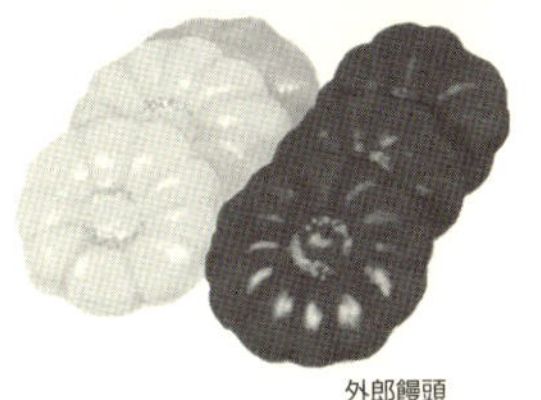
外郎饅頭

地域の特性

九州の東部に位置している。東は周防灘や豊後水道に面し、中国・四国地方とつながっている。西の熊本県境には阿蘇・九重連峰が連なり久住山は九州の最高峰である。気候は全体的に温暖で、自然災害も少ない。九州の西部と比べると夏の暑さも厳しくなく、冬季内陸部は降雪があり寒いが、本州寄りの気候である。

旧国名は豊後国（ぶんごのくに）で、8世紀の頃は瀬戸内海を通じ畿内文化圏と深いつながりがあった。725（神亀2）年に宇佐郡の小倉山（宇佐市）に建造された宇佐神宮は、奈良朝廷の庇護を受け、全国八幡宮の総本社として地位を固めた。

中世以降は豊後水道を通し、東南アジア、ヨーロッパと手を結び、南蛮貿易やキリシタン文化などがいち早く移入された。キリシタン大名・大友宗麟（洗礼名・「ドン・フランシスコ」）はよく知られているが、大分市内には同名の南蛮菓子が創製されている。またキリスト教の宣教師、フランシスコ・ザビエルの遺徳を偲（しの）び「ざびえる」という菓子もつくられている。

幕末には学者や文人が輩出され、広瀬淡窓、田能村竹田、前野良沢、大蔵永常、福沢諭吉など歴史に登場する人々が勢揃いしている。

地域の歴史・文化とお菓子

豊前中津の異国文化と「外郎（ういろう）饅頭」

①中津名物「巻蒸（けんちん）」

豊前中津といえば、福沢諭吉の出身地で、中津藩主・奥平昌高は異国文化を好み、オランダ語を話し、シーボルトとも謁見していた。

中津の街を歩いていたら「中津名物巻蒸」という看板がお菓子屋さんの店頭にあった。どんな名物かと訊ねてみると、この地方の慶弔用の料理菓子「巻蒸」で、卓袱料理の「ケンチエン」が語源と教えてくれた。

その作り方は、耶馬渓（やばけい）の山野で採れる木耳（きくらげ）、銀杏、十六豆などを調理して、山葛で合わせた蒸し物であった。お味はどこか中国風であった。

②中津の中国通「田信翁（でんしん）」

今も地元で「田信」とよばれるのは田中信平のことで、彼は江戸時代に我が国最初の卓袱料理の書『卓子式（しっぽくしき）』を書いた人であった。外科医で若い頃から長崎に遊学し、中国風にふかれ、帰郷後この本を著した。彼は中国に「ぞっこん」だったのか、常に中国服を着て、中国の骨董を商っていたという。

彼の著書には「身体に良い獣肉料理のすすめで、“鶏、豚を飼うことは国を治める根本である”と、孟子が詳しく書いている」とあり、上手に料理をする方法が書かれ、今日でいう「地産、地消」を勧めていた。

彼は交友関係も広く、文人画家の池大雅、田能村竹田、儒学者頼山陽も彼の家を訪ねている。

③中津の「栗山堂本店」

「外郎饅頭」の栗山堂は、享保年間（1716～36）創業という老舗である。この店は黒田官兵衛の側近だった、栗山善助（俊安）の子孫の家で300年の歴史がある。官兵衛愛用の兜（金白壇塗合子形兜）が善助に与えられ、その兜が岩手県の盛岡市にある。というのも博多に移った黒田家の御家騒動に関係して、善助の子孫が盛岡藩に御預けの身となっていたからである。NHK の大河ドラマ「黒田官兵衛」のシンボル的兜「金白壇塗合子形兜」から、最近は「兜最中」も作られている。

④栗山堂の「外郎饅頭」

外郎はもとは「透頂香外郎（とうちんこうういろう）」という苦い薬で、この薬は鎌倉時代に中国から博多に伝わり日本に帰化した陳外郎という人の名前とも関係していた。外郎氏の２代目は京都に移り、透頂香を広め、お客様の接待用に米粉と黒砂糖を使った蒸し菓子を作った。それが「外郎氏の菓子」として評判となり、後に「お菓子のういろう」となった。

名古屋、小田原など各地の外郎は主に棹物であるが、ここでは菊花形の饅頭として売られている。白砂糖と黒砂糖入りの２種類があり、生姜の香りがして黒砂糖の方には小豆の漉し餡が入っている。食べやすい大きさで、歯切れもよく、生姜の風味と中心の芥子の実の食感が楽しい。

行事とお菓子

豊後水道沿岸・旧鶴見町の雛節供

嫁に来ての初節供には、子供がいなくても嫁さんは「手ぬくめ餅」といって直径20cm弱の大きな餅に小豆餡を包んだ餅と菱餅を持って里帰りをする。子供の生まれた初節供には、ご馳走を作って人寄せをする。

①お大師様の「やせうま」

大分市近郊では3月21日の弘法大師様のご正忌には、道端や辻の弘法大師様の像を床の間に移してお祀りし、家でお接待をする。この日は「やせうま」を作る。「やせうま」は手延べ団子の一種で、小麦粉を捏ね寝かしておき、生地を長さ30cm、幅1cmに薄く延ばし、たっぷりの熱湯で茹でで、3筋ばかりを結んでおく。これを黒砂糖入り黄な粉にまぶしておく。昔は大勢の人がお接待を貰いにやって来たという。「やせうま」はお盆にも必ず作る。

②花祭り（4月8日）の「おしぼちょ」

日田盆地では、観音様のお接待でいただいて来た甘茶で、「しょけご飯(味付けご飯)」と「おしぼちょ」をいただく。「おしぼちょ」は小麦粉を捏ね薄く延ばし1.5cm幅に切ったもので、茹でて黄な粉をまぶす。細長く手で延ばしたものは「ほうちょう」といい、「おしぼちょ」は平たく伸したものを「押しぼうちょう」というところからきていた。

③端午の節供の「ごのしろ餅」と粽(ちまき)

旧鶴見町周辺では、節供にはふくらかし饅頭（酒饅頭）とさるかけ（サルトリイバラ）で包んだ「ごのしろ餅」を作る。「ごのしろ餅」は粉(ご)の白い餅ということで、もち米と米粉で作る餅で餡を包み、サルカケの葉で両面を覆って蒸す。神仏にはカヤの葉で巻いた粽を3、4個連ねて供える。

④旧暦6月申祭りの「さるまんじゅう」

日田盆地では、6月の初申の日に水神祭りをした。昔は牛馬を飼っていたのでこの日は安全を祈願した。「さるまんじゅう」を作り、饅頭2つとサバの頭を竹の皮に包み、飼っている牛馬の数だけ用意した竹筒にお神酒を入れて笹竹の先に吊るす。これを近くの水路の石垣に刺して置く。「さるまんじゅう」は、小麦粉に重曹と食酢を加え水で捏ね、夏豆（そら豆）

の餡を包んで蒸籠で蒸す。小豆餡とは違ったさっぱり感の餡である。

⑤宇佐神宮の祭の「ふくれまんじゅう」

7月31日から8月2日まで行われる祭りで、けんか祭りといわれ、御神輿がぶつかり合う。この祭りに欠かせないのがふくれ饅頭で、小麦粉に炭酸を入れて膨らますのでそうよび、小豆餡やみとり餡を包んでふかす。「いぜもち」は、蒸さずに茹でたもので、似ているがふかしたほうは皮がふんわりしている。

⑥お盆の「やせうま」と「かりそ」

宇佐平野では8月13日は「お待ち団子」といって、米の団子やぼた餅などを作る。14日は素麺15日は「やせうま」と「かりそ」を作る。「やせうま」は県内各地のお盆に必ず作られている。「かりそ」はうどんを茹でて少しずつ紙に包みお墓の数だけ仏前に供える。盆の終わる15日には、仏様は「かりそ」を持って「やせうま」に乗ってお帰りになるといわれている。

知っておきたい郷土のお菓子

- **巻蒸**(けんちん)（中津市）　市内の和菓子店他、慶弔時に家庭でも作られてきた郷土の料理菓子。1784（天明4）年に料理書『卓子式』を著した中津藩の医師・田中信平が長崎で目にした清国伝来の料理をもとに創製したもので、キクラゲ・銀杏・栗などに砂糖・葛粉を合わせて蒸す。
- **ビスマン**（中津市）　天正年間（1573～91）、宣教師により当時の藩主黒田家へ献上されたビスカウト（ビスケット）に因み双葉堂が創製。黄味餡を油脂の入った小麦粉生地で包み、ビスマンの文字が彫られた型で抜き、焼き上げた洋風饅頭。
- **三笠野**（竹田市）　1804（文化元）年創業の但馬屋老舗初代が創製した銘菓。当店は竹田岡藩々主のお好みだった奈良の名菓「三笠焼」を模し、1枚の皮で漉し餡を包んだ三日月形の焼き菓子。
- **荒城の月**（竹田市）　三笠野と同じ但馬屋老舗の銘菓。竹田ゆかりの滝廉太郎作曲の歌に因んだ黄味餡入りの真っ白な泡雪羹製の品のよい菓子。もとは「夜越の月」という岡藩の献上菓子であった。同店は、江戸時代の『南蛮料理書』に記載の南蛮菓子・ハルテイスを復元し、菓銘を「豊後はるていす」としている。こちらはシナモン風味の菓子。

- **臼杵煎餅**（臼杵市）　後藤製菓などが作る小麦煎餅。生姜蜜で木目を表すように白い刷毛目模様をつけてある。臼杵藩稲葉家が入国した頃から米・麦・アワ・ヒエ等で作られていた保存食が始まりと伝わる。
- **宇佐飴**（宇佐市）　宇佐神宮祭神・神功皇后が皇子の応神天皇を育てる際に、母乳の代わりに与えたという御乳飴。もち米と麦芽で作る名物飴。かつては宇佐神宮の参道に、自家製飴を売る店があった。
- **甘露柚煉**（大分市）　儒学者・広瀬淡窓の門下生で茶人の古後精策が、1868（明治元）年に創業した橘柚庵古後老舗の代表銘菓。柚子のやわらかい中皮だけを砂糖で煉り上げたもの。柚煉を薄種で挟んだのが銘菓「雪月花」である。
- **やせうま**（大分市）　田口菓子舗の郷土菓子。黄な粉と砂糖を合わせた餡を求肥で包んである。大分の郷土食、平打麺「やせうま」をもとにしている。また、乳母「やせ」と幼子の物語も伝わる。
- **一伯**（大分市）　葵本舗福寿堂の銘菓。求肥で包んだ餡を薄種で挟んだもの。徳川家康の孫で大分蟄居を命ぜられた松平忠直の雅号を菓名とした。
- **ザビエル**（大分市）　ざびえる本舗の南蛮風銘菓。豊後で藩主大友宗麟の庇護を受け、南蛮文化の種を蒔いたフランシスコ・ザビエルを讃えて創製された。

乾物 / 干物

干し椎茸

地域特性

九州の東部にある大分県は温泉の源泉数、湧出量ともに日本一である。別府温泉を有し、県中央部の湯布院温泉などは、全国的にも知名度が高い。

北は瀬戸内海豊後水道、八重山などの火山地帯、北東部に国東半島、別府湾と、海、山共に自然に恵まれている。気候的には全体に温暖で自然災害も比較的少なく、やや多雨である。食文化の推進で「一村一品」運動を推進し、地域の活性化を目的に活動したことは有名である。宇目町、大竹市、竹田市山中では干し椎茸の栽培が盛んであり、生産量は日本一である。温暖なので果樹栽培に適し、特に柑橘類がある。そのほか一次産業は野菜、カボチャ、キュウリ、ニンジン、サトイモ、高菜などの地野菜。佐賀海苔、豊後水道の関サバ、関アジ、カレイなど、天然、養殖ともに盛んで水揚げ量も大変多い。

知っておきたい乾物 / 干物とその加工品

ぎんなん（銀杏）

イチョウ科の落葉樹であるイチョウの種子を乾燥したものである。原産国は中国といわれている。仏教の伝来と共に朝鮮半島を経て日本に伝えられ、神社、寺院などに多数植えられるようになり、現在は街路樹などとしても植えられている。

古くから食用として親しまれてきたが、外皮肉に独特の臭いがある。気楽に拾うことができるが、直接手でさわると灰汁（あく）で手がかゆくなるので、ゴム手袋などを着用し、拾った実を数日間土の中に埋めておくか、皮などを撹拌しながら洗い流し、外種皮の中にある白い堅い種皮（鬼皮）の胚乳部分を乾燥させて食べる。大分県の丸ぎんなんは人気があり、品種は「金兵衛」「久寿」「藤九郎」などがある。

現在は東北地方から九州地方まで採取できているが、大分県の他は新潟県、秋田県、愛知県などが有名である。木には雄と雌があり、主に街路樹には雄を使用している。

干し椎茸　マツタケ目キシメジ科に分類される生椎茸を干した製品。ヒラタケ科、ホウライタケ科、ツキヨタケ科、ハラタケキンメジ科という説もあるが、今は菌の培養技術で多くの種類のものが出ている。椎の木に多く発生する茸（きのこ）が語源。香りがよい菌「香菌（こうたけ）」とも呼ばれる。地方名は、ナバ、コケ、ナラノコケなどがある。

干し椎茸にすることによって、うま味であるグアニル酸によって味や香りが生椎茸より増し、天日干しによってエルゴステロールという物質がビタミンD_2に変化し、栄養価が上がる。

椎茸が発生する椎は縄文時代の遺跡からも発見され、平安貴族の饗膳にも「椎子」の名があり、古くから食べられていたと考えられる。精進料理の祖道元の『典座教訓』に、宋に渡った1223年に中国寺院の典座（てんぞ）が椎茸を買いに来たとされている。生椎茸は傷みやすいので、当時は干し椎茸しか出回っていなかった。現在は中国での栽培原木、菌床で多く栽培されているが、品質的には国内ものより少し品質が劣るものの価格が安いのが特徴である。世界ではフランス、オランダでも栽培されており、もともと日本から菌が持ち出されたものである。

＜栽培の歴史＞

シイ、ナラ、シデ、クヌギなどの木に自然に発生した茸を採取していた。茸を人工的に発生させようと栽培方法が考案されたのは1600年ごろだという。木に傷をつけて根元を焼く「まき散らし」から始まり、椎茸発生木に原木を並べ菌が付くのを待つ方法などから、幕末ごろには、原木に傷を付けて菌を接種する「なた目法」が普及したが、いずれも効率が悪かった。

1896（明治29）年、菌を培養して植え付ける植菌法が開発され、1943（昭和18）年、群馬の森喜作による、くさび型木片に椎茸菌を純粋培養した種駒菌による栽培で、人工栽培技術が確立された。これは1945（昭和20）年以降は他のキノコ類にも応用され、急激に生産されるようになった。戦後、新しい栽培方法が確立され、薪炭用の雑木の用途転換策として、また、輸出用振興策として、海外に多く輸出され、香港、台湾、中国、シンガポールなどでも多く求められ、高価な贈答品としての価値を生んでいった。国内での生産量は大分県がトップで、静岡県、宮崎県、鹿児島県、兵庫県などでも生産されている。岩手県、秋田県、福島県なども生産されていたが、現在、東北地方は放射能問題で中止されているところもある。

近年、国内需要の6～7割以上が中国、韓国から輸入され、国内生産は1984年以降はピーク時の1/3に落ち込み、高齢化により、地方の産業としての生産が難しくなってきている。

都道府県別の干し椎茸生産量（2011年度）

合　計	3,630 t
大分県	42%
宮崎県	17%
熊本県	8%
愛媛県	7%
岩手県	6%
その他	20%

（出典：農林水産省特用林産統計より）

干し椎茸の生産方法には原木栽培と菌床栽培がある。原木栽培による生産方法は以下の通りである。

＜生産方法＞

① 原木はナラ、クヌギ、ドングリ、シイ、カシ、クリなどの雑木。切り出すタイミングとしては、クヌギの葉が3～5分くらい色づき始めたら伐採し、1か月間ほど乾燥させる。

② 原木に穴を開けて駒菌（工場で椎茸菌を培養したもの）を植え付ける。その後、原野で気候管理しながら2年半～3年間ほど経つと椎茸が発生する。太さ10～20cmぐらいの丸太に均等に穴を開ける。駒菌は4種類くらいあり、品種と土地柄によって生産者が選ぶ。

③ 接種は11月～翌5月上旬ごろ、接種間隔は縦20cm、横4cm。千鳥植えで1mの灌木で32個。駒菌は9.2mm、深さ25～30mmに開ける。シメジなども同様な方法で栽培する。

④ 菌床栽培は、おがくずなどを固めて、室内やビニールハウスにて温度管理をして栽培する。エノキタケは瓶にオガクズなどを詰めて栽培する。

⑤ ホダ木は収穫まで無農薬で、クヌギ、ナラなどを使い、ホダ場は竹林などがよいとされている。木漏れ日、風の強い日、風向きなどによ

って本寄せなどもする。

⑥　仮伏せ：接種後に横伏せや縦伏せなどし、ワラ、ムシロなどで覆い、水を散布し、仮伏せの内部の温度が25℃を超えないようにする。

⑦　本伏せ：4～5月になったらホダ場に移し、合掌伏せなどしながら、2回ほど天地返しする。

よろい伏せ（井桁積み）、合掌伏せなどがある。

天日干しと天日仕上げなどがあるが、一般的には乾燥機によるボイラー乾燥がほとんどである。天日干しでも、裏返しにして太陽の紫外線を2～3分でも再度当てることで、椎茸の持つ成分エステゴリンが20～30倍にも増える。ボイラー乾燥のものでも再度天日に当てるほうがよい。

＜選び方＞

乾燥がしっかりしており、表面は茶褐色でシワが少なくつやがあること。

裏面は明るい淡黄色で虫食いがなく、黒い斑点がないこと。椎茸の軸が太くしっかりしているものを選ぶ。

＜保存方法＞

密閉容器に入れて冷暗所に保存する。賞味期間は、保存状態によっては1～2年ももつが、梅雨の時期を過ぎると虫が出やすくなる。開封後は直射日光を避け、密閉容器かポリ袋に入れて、乾燥剤などを使用すればなおよい。また、高温多湿は嫌う。

＜戻し方＞

干し椎茸特有のうま味と香りの元となるグアニル酸といううま味成分とレチオニンという成分は、香りはどちらも干しシイタケの酵素の働きによって生まれる。利用・調理前に冷蔵庫などで冷やして使う。お湯や電子レンジなどで早く戻す方法があるが、加熱すると酵素の働きが失われる。時間が限られる場合は4つ切りか8つ切りにして使うか、スライスものを用意する。天白冬菇はさっと水洗いして冷蔵庫に入れ、30時間ぐらいの時間をかけてゆっくり戻す。

香信類は使う前日に冷蔵庫に一晩置いて、だしに使う。コレステロールを下げる成分は水に溶けやすいので、だし汁を炊き込み、捨てないで料理などに使うとよい。

＜椎茸の種類＞

・どんこ（冬菇）：丸形で傘目が開かずに、縁が内側に巻き込んでいる、いわゆる「つぼみ」の椎茸（干し椎茸品質表示基準で傘が7分開き以上にならないうちに収穫したもの）で、肉厚なので時間をかけて戻す。煮込み料理や和食の一品料理、中華料理などの高級品として扱われる。

・花冬菇または天白冬菇：真冬の厳冬期に芽を時間をかけてじっくりと育てる。一般に、芽が出てから1週間で大きくなるが、この天白冬菇は温度5～8℃、湿度35％以下の状態で30日間かけてゆっくりと、最も肉厚に育て上げた最高級品の逸品である。椎茸の表面に白い亀裂が入り、花が咲いたように見えることから名付けられた。主に贈答品や中華料理などに使われている。

・香姑：「冬菇」と「香信」の中間の椎茸で、「肉厚香信」ともいう。若いホダ木からしか収穫できない上質の椎茸で、肉も厚く、風味もよく、ステーキ、焼肉、中華料理など幅広いメニューに適している。

・香信：平らで肉質が薄く、傘が大きく開いているもの（品質標準では傘が7分開きになってから収穫したもの）。身が薄いので戻し時間が短くてすみ、刻んで煮物や汁物や具物、炒めものなどに用いるのに最適である。

・バレ葉：椎茸は天候などによって収穫がずれることがある。採り遅れたために、傘が開き過ぎて大きくなったり，欠けたりしてしまったものをバレ葉という。風味は多少落ちるが早く水戻しができ、家庭用としては経済的である。

・スライス：生椎茸を収穫して、薄くスライスして乾燥したもので、「バレ葉」「香信」などを用いる。足切りしているので無駄がなく、水戻しも早く、炒めもの、寿司、汁物などに色々使えて便利である。

・その他：業界用語で茶花冬菇、信貫、シッポク、小間斤、茶選、小茶選、セロなどの呼び名がある。以前は日本農林規格があったが、現在は廃止され、自主規格となっている。

＜収穫期による呼び名＞

・春子（はるこ）：2月下旬から4月中旬ごろ収穫したもので、重厚な味と香りがあり、冬菇、香信、バレ葉などがよく採れて、年間の70～80％を占める。

・秋子（あきこ）：9月末から12月中旬ごろ収穫し、薄葉で華やかな香りがある。高温多湿のため成長が早く、中葉以上のバレ葉系が中心であるが、まだ冬菇は採れない。

・その他：発生の時期に応じて、寒子、藤子、梅雨子、夏子、不二子などと呼ばれているが、肉厚系が好まれる春子が大半を占める。

<栄養と機能成分>

茸(きのこ)は微生物の子実体で、菌類である。特に椎茸は独特の機能とうま味を持つ代表的食品である。ビタミンDのもとになるエルゴステロールが豊富で、紫外線に当たるとビタミンDとなり、体内に入ってカルシウムの吸収を促す。また、食物繊維の大半は不溶性のセルロースやリグニンなどビタミンB_2の生成を促し、免疫力を高める。

・レンチナン：βグルカンと呼ばれる多糖類で、椎茸だけに含まれているものをレンチナンという。免疫抗体の性質からがんなどの治療薬に使われている。

・エリタデニン：水溶性の成分で、加熱したり乾燥しても失われず、脂質の代謝を促し、血中のコレステロールを低下させ、血圧を正常化し、腎機能障害などにも効果を示すといわれる。

やせうま　小麦粉で作った大分県の郷土料理でもあるやせ馬は、お釈迦様が死んだ日（2月15日）などの涅槃会に供えるほか、盆、七夕などにも供えることがある。小麦粉の薄力粉または上新粉の団子粉を、大分県の場合は形状を麺に近くしている。手で平たく作り、茹でたもので、包丁は使わずに手で平たく押し広げたうどんに似ている。野菜や味噌汁に入れたりして食べる。また、おやつとしてそのまま冷やして食べたりもする。学校給食にも使われている。山梨のほうとうに似ており、庶民の食べ物として、別府市などでは店頭でも食べさせてくれる。

手で握った形が馬に似ていることで「やせうま」の名が付いたともいわれる。東北、北関東などには、色を付けたり、餅をのし巻き込んで渦巻き模様にしたものを「やせうま」と呼んでいる地域があるなど、場所によって形が違う。また、東北の一部では、正月に子供に与えるお年玉の小銭を松葉に通し、これを「馬銭」または「やせ馬」ともいった。

Column

大分県の山間部に位置する宇目町や竹田市郊外の山中の山深い椎茸山にはイノシシが多く出る。彼らは椎茸を食べてしまう。被害がある街道筋にはボタン鍋の店がたくさんある。自然といかに共有するか、問題が多い。後継者不足や放射能問題など今後の課題である。

家庭で椎茸を栽培したい場合は、ホームセンター、農協などでホダ木に種駒を植え込んだ1年物、2年物などの市販品を利用してみるとよい。

III

営みの文化編

伝統行事

吉弘楽

地域の特性

大分県は、九州の北東に位置し、北は周防灘、東は瀬戸内海・豊後水道に面する。県域の北部は、溶岩台地が広がり、周防灘沿岸に中津平野、国東半島がある。また、中部には九重連山や由布岳など1,900メートル級の火山が連なる。南部は九州山地で、その東端はリアス式海岸を形成する。別府湾に注ぐ大野川・大分川の下流には狭小な大分平野がある。沿岸部は、年間を通して温暖で雨が少ないが豊後水道あたりは高温多湿である。

江戸時代は、いくつもの小藩や天領、他藩の飛び地などに分かれていた。

伝統工芸では、小鹿田焼、日田下駄、別府竹細工などが知られる。別府や湯布院など、温泉観光地として知られる。

行事・祭礼と芸能の特色

特徴のある行事や芸能が、とくに国東半島部に多く分布する。たとえば、仏教系の修正会は「鬼まつり」ともいわれるが、鬼の堂押しや鬼走りなどの所作を伝える。古要神社（中津市）の傀儡子は、人形の操り芸である。中世・近世を通じて放浪芸として各地に知られていた。その伝承例が少ないなかで、福岡県築上郡の八幡古表神社の傀儡子とともに国の重要無形民俗文化財になっている。

当（頭）屋行事（杵築市）や米占神事（日田市）なども伝承されている。

主な行事・祭礼・芸能

宇佐神宮の祭礼

宇佐神宮（宇佐八幡）は、全国に2万ともそれ以上ともいわれる八幡神社の元宮である。そこでの祭礼も由緒深い。

鎮疫祭　2月13日に行なわれる。明治の神仏分離令以前は、正月13日に心経会と称して神官・陰陽師・僧侶らが同席の神仏混淆（習合）で行なわれていた行事である。
　疫病や災禍を祓い鎮めようとする。境内の末社の八坂神社で行なわれる。八坂神社は、神仏習合の時代の境内寺であった弥勒寺の鎮守。本宮での祭典のあと、神職数名と白丁姿の神人（従者）たちが3～4メートルの竹に五色の垂手（紙）を取りつけた五色弊（神職の数に相当）を携えて神社前の斎場へ移る。そこで宮司が祝詞を奏したあと、五色弊を本殿に奉るのであるが、参集の群衆が垂手を奪おうと殺到するために進めず、神社に向けて投げこむことになる。奪いとったその垂手の紙片こそが、疫（厄）除けの守りになる、としきたことは、いうをまたない。
　なお、崇敬者には、別に五色の小弊の授与もある。

御幸祭　7月31日～8月2日に行なわれる。もとは6月晦日に行なわれた。喧嘩祭と呼ばれるほどに激しい神輿渡御が行なわれる。
　当日は、3基の神輿に、それぞれ祭神誉田別命・比売神・息長帯姫命の神霊を移し、旧27カ町村から出た3,000人ほどの若者がこれを担ぎ、5町（約550メートル）先の御旅所まで渡御する。この間、神輿同士が相手の進行を邪魔してもみ合いながら我先にと御旅所へ向かおうとする。一番先に御旅所に到着すれば、その神輿を担いだ者の集落の豊作が約束される、とされているから。また、到着後に神社から出された酒を競って飲むが、それもその酒樽の破片を家に持ち帰れば疫病退治のまじないになる、というからである。なお、まつりの期間中、女性の尻をつねって歩く習俗があり、つねられた女性は安産とも言い伝えられている。

仲秋祭（放生会）　10月8日～10日まで行なわれる。宇佐神宮の祭礼中、最古のまつりである。
　1日目には、一の殿神輿（八幡大神）が浮殿（和間神社）まで渡御する御神幸、2日目には朝廷に反乱を起こし鎮圧された大隅・日向の隼人の霊を慰めるために蜷や貝を海に放つ放生式、そして最終日には、御還幸が行なわれる。放生会は、養老4（720）年にはじまった、といわれている。

大原八幡宮米占祭

2月15日、大原八幡宮（日田市）での年占神事。日田地方の農作物と天変地異を占う珍しい神事で、古くは旧暦2月15日に行なわれていた。
　正月15日に小豆粥を炊き、地形盆と五穀盆に平らにつぎ分ける。地形盆には、日田地方を流れる諸河川をカズラで示し、上流部に標識札を立てる。一方の五穀盆には、木片で中心から5等分し、稲・麦・粟・稗・大豆などの標識札を立てる。神殿の中央神座の前、向かって左手に地形盆、右手に五穀盆を供える。

そして、2月15日の朝、2つの盆を楼門横の回廊の案の上に置く。そして、古老たちがそれにかびのはえている箇所や色などで豊凶を占う。

地形盆が白かびでおおわれていれば平穏無事、赤かびの斑点があれば火事、黒かびは疫病、青かびは水害、黄かびは風害のおそれあり、とする。また、五穀盆は、縁(ふち)が植えつけ時、中心部が収穫時を示すとして、白かびでおおわれて露がなければ豊作、赤や黄の斑点があって露がなければ旱魃(かんばつ)、青や紫の斑点があれば病虫害のおそれがある、とする。

姫島の盆踊

姫島（東国東郡）に伝わる盆踊。毎年8月15日～17日の間に行なわれるが、開催日は年によって異なる。盆踊は、各地区ごとの盆坪と呼ばれる会場と中央会場で行なわれ、地区ごとに15～20名が一組となってまず各自の地区の盆坪で踊り、次いで島内各地の盆坪を巡って踊る。

姫島の盆踊は、鎌倉時代の念仏踊から発展したものといわれる。現在は、伝統踊と創作踊に大別される。創作踊は、毎年新しくつくられるもので、ほとんどはその年かぎりであるが、伝統踊は、その名のとおり長く伝えられている踊りで定型を伝える。その代表的なものが、アヤ踊・キツネ踊・猿丸太夫・銭太鼓である。

アヤ踊は、北浦地区に伝わる。青年男女が2人一組となる。アヤ棒という短い青竹の棒を持った上半身裸の男性が、優雅に手踊りをする女性の間を縫って激しく跳ね踊るもの。男女の静と動が対象的な踊りである。

キツネ踊は、姫島盆踊のなかでももっとも有名である。以前は大人の踊りであったが、昭和20年代から子どもの踊りとなり、現在は北浦地区の子どもたちによって踊られている。白狐に扮した子ども（顔を白く塗り鬚などを描いて白ずくめの衣装に身を包む）が、堤灯を吊るした傘を持ち、狐の仕草をまねたユーモラスな踊りである。

猿丸太夫は、西浦地区の女性によって踊られるもので、姫島在来の踊りではなく、村外から伝えられたといわれる。力強い踊りが多いなかで、浴衣を着た女性による優雅な踊りである。

銭太鼓は、松原地区の青年男女によるもので、男女2人が一組となって踊る。男性は、銭太鼓といわれるフグの皮を張った片面の太鼓を持ち、女性の間を縫うように腰を落として踊る。男性の重厚な踊りと女性の優雅な踊りとが対照的である。

古要(こよう)神社の傀儡子(くぐつ)舞と相撲神事

古要神社（中津市）に伝わる対の行事。傀儡子は、日本の人形戯の源流ともいわれている。10月12日の夜に行なわれる。

その由来は、奈良時代に朝廷の命により隼人の反乱の平定に向かった豊前(ぶぜん)国の軍にはじまる。戦場で傀儡子の舞を演じて隼人の気を引き、その隙に乗じて隼人の軍を攻めた。その後、戦死した隼人の慰霊のために宇佐神宮で放生会がはじまると、そこで傀儡子の舞が奉納されるようになり、それが古要神社に伝わった、といわれている。

傀儡子には、神像型人形と相撲型人形があり、前者が傀儡子舞に、後者が相撲神事に用いられる。神像型人形は男神と女神に分かれるが、いずれも一木造りで、胴体の下部が細くなり、遣い手はその部分を握って人形を操る。人形の両手は、肩先に針で取りつけられ、その両手に紐をつけて引っ張ることで両手が上下に動かせるようになっている。それに神衣(かみごろも)と呼ばれる人形の衣装をつけて舞わすのである。

相撲型人形も一木造りで、片足だけが長くつくられており、遣い手がそれを握って人形を操る。もう一方の足は股間に釘で打ちつけ、両手も肩に釘で打ちつけられている。この両手と釘で打ちつけられた片足にそれぞれ紐がつけられ、それをまとめて引くと両手と片足が動いて相撲をとっているようにみえるのである。

行事は、夕方から本殿と拝殿の間にある申殿(もうしでん)ではじまる。まず傀儡子舞が奉納され、次いで相撲神事が行なわれる。傀儡子舞の囃子(はやし)は、笛とチャンガラ（胴びょうし）と太鼓で、まず「神起し」の樂を奏じ、次いで「呼び出し」の楽につれて神像型人形が登場。一礼の後、「おはやし」にのって両手を振って舞う。

相撲型人形による神相撲は、ハヤモン（早物）と呼ばれるテンポの速い囃子にあわせて行なわれる。最初は東西が交互に勝ち、やがて西方が連敗し、最後に残った西方の小兵の住吉神（くろうの神）が東方の神を次々と破る。これを掛り相撲といって、東方の神々が大挙して住吉神にかかるが住吉神が押し勝つというものである。

傀儡子舞も神相撲も、比較的単純なものである。が、その呪術的な内容と人形の構造や操法には、ほかに類例をみない古式がうかがわれ、昭和58（1983）年に国の重要無形民俗文化財に指定されている。

賀来神社卯酉神事　賀来神社（大分市）の秋季大祭（9月1日～11日）で6年に一度、卯年と酉年に催される神事。柞原八幡宮に調度品を奉納した「大神宝調達」という神事に由来するが、後に賀来神社の祭神である武内宿禰命（善神王）が柞原八幡宮から賀来に渡る還幸神事へとかわったもの、といわれる。

明治維新後、府内藩主大給家が大名道具を寄進してからは大名行列の様式を取り入れ、俗に「賀来の大名行列」と呼ばれるようになった。行列は、先徒士・槍組・鉄砲組・弓組・総大名組・大道具の隊列に、神体を持つ儀杖の列が続き、総勢は210名。先徒士と大道具は大人が担当するが、ほかは子どもが役に当たっている。大道具には、大唐人傘・金紋先箱・島田頭・天目槍・大熊毛槍などがあり、それぞれに勇壮な所作や軽快な所作を演じるのがみものである。

なお、秋季大祭の期間中は、門前に市が立ってにぎわう。その歴史は古く、江戸後期には、遠くは京都や江戸からも商人が集まり、人形浄瑠璃の興行やのぞきや軽業などの見世物も出て、豊後の大市としてにぎわった、という。

ハレの日の食事

佐賀関地方の夏まつりには、あじずしがつくられる。すし飯の上に青ジソの葉を置き、さらに酢漬けしたアジの切り身をのせて上から軽く押したものである。

国東半島の先にある姫島には、祝い料理として「鯛麺」が伝わる。大皿に茹でた素麺をのせ、その上に焼いたタイをのせて木の芽のみじん切りとカボスの輪切りを添えたもので、醤油味のだし汁で食べる。ほかにも臼杵地方の黄飯汁などが行事食として知られる。

寺社信仰

宇佐八幡宮

寺社信仰の特色

日本に約8万ある神社の中で、最も数が多いのは八幡神社とされるが、それらの総本社は大分県宇佐市にある宇佐神宮（宇佐八幡宮・八幡大菩薩宇佐宮）と考えられている。京都府の石清水（男山）八幡宮や神奈川県の鶴岡八幡宮から分霊を勧請した八幡神社も無数にあるが、それらの大元も宇佐神宮とされている。古くから豊前一宮として崇められ、本殿は国宝、1873年に宇佐神宮となり、今は大分県内で最も多い40万人の初詣参拝者を集めている。

宇佐の東には隣接して国東半島があり、かつては六郷満山の天台修験が大いに栄え、旧正月には鬼走りと火祭りの〈修正鬼会〉†が65か所で行われていた。今も豊後高田市の天念寺や国東市の岩戸寺で伝承される鬼会を始めたのは、六郷満山28か寺を開いた仁聞菩薩といわれ、その弟子の法蓮は宇佐神宮寺の初代別当となり、八幡神が出家受戒して八幡大菩薩となった際に戒師を務めたと伝えている。

国東の六郷には宇佐神宮の分霊を勧請した別宮が各地に創建されたが、その一つ来縄郷における別宮である豊後高田市高田の若宮八幡神社は、正月に行われるホーランエンヤと、旧暦10月に行われる秋季大祭の川渡し神事の2つの伝統行事で有名である。特に川渡しは岡山県西大寺の会陽、山口県防府天満宮の裸坊とともに日本三大裸祭と称されている。

豊後一宮は、大分市八幡にある柞原（由原）八幡宮とも、大分市寒田にある西寒多神社ともいわれている。柞原八幡宮は宇佐神宮から分霊を勧請して創建されたと伝え、旧暦8月の浜の市（放生会）は讃岐金毘羅の金市、安芸宮島の舟市とともに日本三大市に数える賑わいをみせたという。西寒多神社は南にそびえる本宮山に武内宿禰が創祀したと伝え、『延喜式』「神名帳」では豊後唯一の大社に列している。武内宿禰は、八幡神に付会される応神天皇やその親子にも仕えた忠臣とされている。

凡例　†：国指定の重要無形／有形民俗文化財、‡：登録有形民俗文化財と記録作成等の措置を講ずべき無形の民俗文化財。また巡礼の霊場（札所）となっている場合は算用数字を用いて略記した

主な寺社信仰

古要神社　中津市伊藤田。息長足姫命（神功皇后）と、その妹の虚空津比売命を祀る。60体もの〈傀儡子〉†を所蔵しており、旧閏年の秋には本殿と拝殿の間にある申殿で、古式を伝える〈古要神社の傀儡子の舞と相撲〉†が行われている。ともに宇佐神宮の末社であった福岡県吉富町の古表神社と、隼人の霊を慰める宇佐神宮の放生会に際して和間浜の浮殿で奉納していたが、1617年を最後に途絶えたという。傀儡子は木偶で、日本の人形戯の源流、操り人形の原初形態と考えられている。10月12日の夜、御祓神・七力神・鉾神・磯良神などが登場する神舞（細男舞）が奉納された後に神角力があり、最後は小兵の住吉神（御黒男の神）が祇園神など東方を押し倒して勝利する。古要と古表は小兵の転訛であろう。住吉神は磯良神とともに神功皇后の三韓出兵を助けた海の神である。

妙菴寺　宇佐市安心院町龍王。曹洞宗。竜王山の北麓に建つ。1300年頃、宇佐大宮司の宇佐（安心院）公泰が山頂に神楽岳城を築き、後に八大龍王が祀られて龍王城とよばれた。一時衰退したが、1603年に中津城の細川忠興が弟の幸隆（妙庵）に1万石を与えて入城させ復興した。当寺は細川氏の菩提所であり、幸隆の廟所が現存し、今も細川氏の子孫が住している。寺宝に明岩鏡照像や陶製地蔵菩薩坐像、蓮華の鏝絵などがある。鏡照は忠興が復興して九州曹洞宗の総本山として栄えた泉福寺の2世である。鏝絵は堂内欄間にあり、1903年に長野鐵蔵がつくったもので、〈大分の鏝絵習俗〉‡を今に伝えている。安心院には全国約3,000点の鏝絵のうち100点ほどがあるといわれるが、室内にある鏝絵は当所のみである。鐵蔵は龍王出身の左官頭領で、弟子14人と競って鏝絵を制作した。

白鬚田原神社　杵築市大田沓掛。天津日高彦穂瓊瓊杵命を祀る。秋祭は「どぶろく祭」として有名で、10月17日の前日祭と翌日の例大祭には、氏子たちが新米1t余りを仕込んで神に捧げた濁酒が参拝者にも振る舞われる。6～7戸を1組として18組から成る地官組は、祝元の指示のもと、9月25日の醸造始めから祭りを取り仕切り、10月8日の小口開きを経て、12日のハケ下ろしに川で祓いの行事をして濁酒を地官座で頂く。16日は潮汲み、18日は神輿の渡御もあり、子どもたちも幟や毛槍を持って参加する。19日にハケ上げをして祭は終了する。これら一連の信仰行事は、同市大田永松の田原若宮八幡社における神元による秋祭とともに、中世以来の氏子中心の祭祀をよく継承し、〈国東のとうや行事〉‡と称されている。

楽庭八幡社　国東市武蔵町吉広。14世紀に田原（吉弘）正賢（正堅）が武蔵郷吉広に入って城を築き、城内の宮ノ谷に鎮座していた山神社に、豊後一宮柞原八幡宮の分霊を勧請して併祀し、領内の守護神としたと伝える。後に現在地へ社殿を遷して本社八幡宮山神社と称した。近くには正賢が悟庵禅師を招いて開いた菩提寺の亀徳山永泰寺がある。7月に行われる〈吉弘楽〉†は、正賢が当社創祀の際に神前に楽を奉納したのが始まりで、以来、歴代領主が祭祀を司り楽を奏して領内繁栄・武運長久を祈ったという。七仏薬師法に由来して49灯を立て、49僧に相当する楽人49人が腰蓑を着け、兜や陣笠を被り、御幣を付けた旗指物を背に、声迦とよばれる念仏を唱え、太鼓を打ち鳴らしながら勇壮に踊る。最後に氏子は御幣を戴いて持ち帰り、水田に立てて虫封じの御守りとする。

明礬薬師寺　別府市明礬。伽藍岳（硫黄山）の中腹、鳶ノ湯（登備尾湯）の脇に建つ。西側にはお滝場や、安野智円が明礬に開いた温泉四国八十八ヶ所の弘法大師（地元では「お地蔵様」と親しまれる）の石像を集めた明礬八十八ヶ所が設けられており、毎年春には御接待が続けられている。明礬温泉では御接待の民俗を地域資源ととらえ、新たに「お地蔵様のおせったい」という町興しのイベントも開催している。当地は日本で初めて明礬を製造した所で、長く日本一の生産量を誇ったが、化学染料の普及で終焉を迎えた。しかし今でも〈別府明礬温泉の湯の花製造技術〉†が伝承されており、藁葺小屋の床に敷き詰めたギチ（黄鉄鉱やスメクタイトを含む青粘土）に硫化水素を含む噴気を通してハロトリカイトやアルノーゲンで構成される「湯の花」の結晶を製造し続けている。

法心寺　大分市鶴崎。日蓮宗。1601年、加藤清正が京都本圀寺から日榮上人を招いて開いたと伝え、妙法蓮華経5か寺の一つとされる。本堂前の銀杏は創建時に清正が突き立てた杖が育ったものという。鶴崎の夏の風物詩「二十三夜祭」は清正の命日を弔う祭が本旨で、寺では千灯明を点して豆茶を振る舞う。鶴崎は江戸時代に熊本藩の拠点が置かれて賑わい、18世紀初頭には鶴崎の町人が伊勢参宮に出て、伊勢で流行し

ていた伊勢踊を習得して帰参、盆踊として広めたのが〈鶴崎踊〉‡である
と伝える。鶴崎踊は左衛門と猿丸太夫から成るが、県内各地に「鶴崎踊」
として広まっているのは猿丸太夫であり、優美な動きで踊り方が難しい。
左衛門は口説音頭による踊りで祭文の転訛とみられるが、大友義鎮諫言の
ため戸次鑑連が京から呼んだ舞妓の「三つ拍子」が定着したともいう。

白鹿権現

臼杵市野津町西神野。熊野神社の右手、鎖を頼りに命懸けで断崖絶壁を登った先、獣の顎のような洞窟に鎮座する。窟内には猟師が奉納した鹿や猪の頭蓋骨が堆く積まれている。大野郡宇目郷の猟師兄弟が白鹿に化身した熊野権現を1146年に祀ったのが始まりという。熊野神社には〈風流・杖踊〉が江戸時代から伝承されており、両端に紅白の房が付いた2mほどの棒を、太鼓・笛・鉦に合わせて振り回して舞い、口説きも残っている。杖踊は隣接する東神野の熊野神社にも伝えられている。西神野の奥には「久保ん谷湧水」がある。味が良く、水流が豊富で、臼杵川の源流となっている。昔から地域の生活水として利用され、石組みの水路や水車小屋の跡が残る。〈豊後の水車習俗〉‡の中でも臼杵の水車は小麦や酒米を搗ったり、芋の粉を挽くことが主であったという。

早吸日女神社

佐伯市蒲江西野浦。1145年の創建で、海から蛸が抱いて上がった3体の仏像が神体と伝える。大分市佐賀関にある早吸日女神社（関の権現様）の姉神ともいわれることから、同社の神体を蛸から得たと伝える黒砂・真砂の海女姉妹の姉の霊を祀ったのが始まりかもしれない。現在は住吉三神を主祭神とし、権現サンと親しまれている。夏の大祭では3基の神輿が〈早吸日女神社八人太鼓附獅子舞〉を従えて神幸し、神輿を激しくぶつけ合う勇壮な喧嘩神輿があり、浜では男たちが神輿を担いだまま海に入る。佐伯地方は俗に九十九浦とよばれるほど多くの海村があり、当地もその一つで漁業が盛んであった。竹野浦河内にある海の資料館では往時の〈蒲江の漁撈用具〉†1,987点を展示している。

若宮神社

日田市若宮町。日田郡司の大蔵氏が日田郡を5郷3庄に分割し、それぞれの郷に若八幡、庄に老松天満社を勧請した際、刃連（靭負）郷に勧請したのが当社の始まりと伝える。若八幡とは、応神天皇（八幡大神）の皇子である仁徳天皇のことで、若宮とも称される。当初は田島村にあったが、1600年に竹田村（現在地）に移ったという。現在、田島には応神天皇を祀る大原八幡宮があり、日田地方の総鎮守とさ

れ、作柄や災害を占う〈大原八幡宮の米占い行事〉‡でも知られるが、同社が田島に移ったのは1624年と伝える。当社は7月に隈の八坂神社、豆田町の八阪神社と合同で〈日田祇園の曳山行事〉†を営むことでも知られるが、これは1900年に合祀した川原町出切の祇園社の祭である。曳き回されるヤマとよぶ巨大な作り物（山鉾）は毎年つくり替えられ、見事である。

大御神社　玖珠町山下。中の原地区の鎮守。9月の秋の大祭には〈山下岩戸楽〉が奉納される。1681年に山下の庄屋となった日野善右衛門清賢が、日田大行事八幡に伝承されていた磐戸楽を伝えたものと伝えられている。演技は世話前から神社まで打つ道楽の囃子で始まり、境内に入ると6名の杖が2列に並んで庭巡りをし、般若楽に合わせて杖を打つ。続いて拝殿前で巻物が読み上げられ、本楽に合わせてコモラシが立巡・立居・打合・飛違・中腰・膝付・臥転・向返・後返・返の10番を舞い、最後に兵庫モラシを舞い、宮巡りをして退場する。同町の古後神原にある大御神社でも10月の秋の大祭にコモラシ（河童）の登場する〈大浦楽〉が奉納されており、道楽や庭楽、巻物に書かれた音楽縁起の読み上げがあるが、こちらは河童となった平家の落人の霊を封じる楽と伝えている。

荻神社　竹田市荻町新藤。下荻岳の東麓、藤渡川左岸の高台にある宮園地区に鎮座し、阿蘇神社の祭神と同じ健磐龍命を祀る。下荻岳の南西、熊本県阿蘇市にある荻岳（上荻岳）の山頂に阿蘇神を祀ったのが始まりで、後に肥後荻宮と豊後荻宮に分離し、それぞれ荻ノ社や荻神社と称したと伝える。境内にある大銀杏は2社分離の際に両社に伝えた神木の苗裔といわれている。4月26日の祭礼には〈荻神社ゆたて〉が奉納される。深山流神楽の系統をひく湯立て神楽で、昔は旧暦12月26日の卯の祭に奉納されていた。前庭に斎庭（湯庭）を設けて神棚を置き、その前に2基の大釜を据え、祝詞の奉上後、手振り笹4束で湯を振り散らす。この湯がかかると魔除け・疫病除け・長寿になるといわれ、参詣者は湯をかけてもらう。湯立て荒神からもらう御幣は家内安全・五穀豊饒の御守りになるという。

御嶽神社　豊後大野市清川町宇田枝。1449年、豊後国守護大友親隆が日向国行縢山で島津軍に勝利した御礼として、行縢山三所大権現を御嶽山頂に勧請したのが始まりで、翌年に別当寺として北麓の宝生寺（ほうしょうじ）を創建したという。御嶽山は古くから山岳信仰の霊場で、社殿裏の岩峰は仙人が座したといわれ、仙の嶽と称される。後に岡藩の祈願所となり、現在は彦火火出見命（ひこほほでみのみこと）・国常立命（くにのとこたちのみこと）・少彦名命（すくなひこなのみこと）を祀っている。山中には学術的にも貴重な原生林が残されており、山の周囲、佃原（つくだばる）・五本松・大内・中山・犬鳴（いんなき）・花立・拝迫・鏡原の８か所には八方鳥居が建つ。秋の大祭では神輿が白熊の先導で御旅所（おたびしょ）へと御幸（ぎょうこう）し、行縢戦勝の祝宴の余興に始まったと伝える〈御嶽神楽〉†が仮設舞台で奉納される。御嶽流神楽の祖として大野系岩戸神楽の原型を創り、大分県を代表する神楽となっている。

伝統工芸

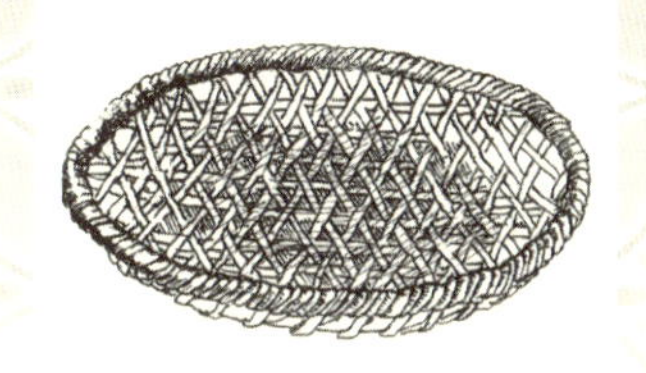

別府竹細工

地域の特性

大分県は、九州の北東部にあり、豊後水道をはさんで四国と向かい合っている。県西部には九重連山、南部に九州山地があり、平野が少なく山の多い地形である。温暖な気候、適度な降雨のもとで、山は森林に覆われているため河川の水は浄化され、耶馬日田英彦山国定公園など自然景観の美しい地域に恵まれている。

英彦山神社には、元禄年間に修験者が挿し木をしたといわれる「千本杉」の参道があり、日田の杉林は九州三大美林の一つに数えられている。スギは、建築や木工の材料として産出されているだけでなく、良材を用いた「日田下駄」に加工され全国の需要に応えてきた。スギと並びヒノキの良材も産出される。杵築市には、地元のヒノキのよさを活かした曲げ物のセイロを製造するところがある。国東半島には、全国で唯一シチトウイが栽培され、伝統的な縁なし畳の畳表が製造されている。

日田の山中には、李朝から福岡の地を経て伝えられた陶芸の技と地元の土や木、水と出会い、器づくりの里が生まれた。民陶「小鹿田焼」の里では、自然景観も含めて次の代への継承が図られている。

別府市を中心として県内に産する良質のマダケは、室町時代の篭づくりに始まり、別府温泉で湯治をする人々の厨房用品が土産としてもち帰られるようになり、地場産業となった。別府竹細工は国の伝統的工芸品にも指定され、美術工芸としての作品もつくられている。

大分市では、かつて木綿が栽培され、本藍染の絞りの特産品として全国に名を馳せたものが、伝統工芸「豊後絞」として復活している。

大分県には、伝統工芸の材料を生産する場と直結し、材料の選別から仕上げまでを地元にこだわって手掛けてきた特性をもつ産地がある。

伝統工芸の特徴とその由来

大分県には、地域で得られる材料と歴史や行事などに結びついた由来をもつ伝統工芸がある。

竹田市には、江戸〜昭和時代初期まで、正月元日の夜に若者たちが各家に「オキャガリ」の掛け声とともに、おちょぼ口の赤い張り子達磨を投げ込む行事があった。起き上がり、すなわち「転んでも立ち直れ」と達磨を投げ込まれた家では、翌朝、「福が入った」と神棚に祭る。近年では、投げ込みの習いも張り子も一時途絶えたが、「起き上がり様」と呼ばれていた張り子達磨は、「姫だるま」と呼ばれる張り子として復活し、笑顔で家族を守る伝統工芸となっている。

竹田市は、紫染めに用いるムラサキソウの栽培地として東大寺の『正倉院文書』に記されたことが近年判明した。市内には、紫土（志土知）地区や、紫神社、紫八幡社が残るものの、草木染の紫は、最高位者が着装する色として、原料も厳格に管理され、栽培地や技術が機密であったためか、地元ではムラサキソウのことがほとんど知られていなかったと考えられている。しかし現在では、ムラサキソウの蘇生による地域おこしを目指す新たな活動が行われている。

宇佐市の長洲地区では、金銀の飾りをちりばめた豪華な屋敷型の灯篭を、初盆を迎える家に飾り、墓地まで運んで燃やす伝統行事がある。紙とタケでつくる工芸品は、暮らしの安全と亡くなった家族の供養に捧げられてきた。

知っておきたい主な伝統工芸品

小鹿田焼（日田市）

小鹿田焼では、10軒ほどの窯が協力し、昔ながらの製法と秩序を守っている。地元で陶土を採り、河川の水力で動かすアカマツの「唐臼」で粉砕し、蹴轆轤で成形し、杉材で燃く登り窯で焼成する。櫛目文、流し掛けや飛び鉋などの技法と、木灰や長石などを原料とした釉薬を用いてつけられる模様は、幾何学的だが、ゆらぎのある仕上がりとなる。

江戸時代中期に、日田代官の願いにより福岡藩黒田氏から派遣された小石原の陶工柳瀬三右衛門に、大鶴村の黒木十兵衛が資金を出し、小鹿田の坂本家が土地を提供し窯が築かれたのが始まりとされている。

小鹿田は日田市の最北部、英彦山を北に控える山間の地で、豊富な陶土に加え、薪と水があり、登窯の築窯に適した斜面もあった。山中では、農業と兼業で皿や鉢など領内の暮らしの器をつくり、他産地の影響を受けることなく生業を続けた。今も小石原から来た柳瀬家、資金提供した黒木家、土地を提供した坂本家の子孫たち10軒ほどが作陶をしている。

昭和時代初期、小鹿田を訪れた民藝運動家の柳宗悦（やなぎむねよし）が、紀行文『日田の皿山』の中で賞賛したことで、日本の代表的民陶となった。後にバーナード・H.リーチや濱田庄司もこの地を訪れ、小鹿田焼の名声を高めた。1995（平成7）年には、国の重要無形文化財（総合指定）に指定された。

別府竹細工（べっぷたけざいく）（大分市）

タケの種類は世界に1250種、日本には626種あるといわれる。その中で良質なマダケの全国一の産地が大分県だ。マダケは編組みに適し、別府竹細工のよい材料になる。

別府竹細工は、室町時代（1392〜1567年）に行商用の篭をつくって売り出したのが始まりといわれる。江戸時代には、別府温泉の魅力が喧伝され、多くの湯治客が訪れた。湯治客が滞在中に自炊で使った米揚げ笊（こめあげざる）や、飯篭、味噌漉しなどを土産としてもち帰ったことから、そのよさが伝わり、別府周辺の産業となった。1902（明治35）年には、別府町及び浜脇町学校組合立工業徒弟学校竹籃科が設立されたことで、優れた技術を要した工芸品として成長、多くの優れた作家や技術者を輩出して、現在の別府竹細工の基礎が築かれた。1967（昭和42）年に、生野祥雲斎が竹工芸初の人間国宝に認定された。

タケは虫の勢いが衰える晩秋に切り出され、天日乾燥、切断、荒削り、各種ひご加工、編み組み、縁仕上げなどの制作工程すべてが手作業で行われる。中でも別府竹細工の特徴は、竹ひごを編み上げる「編組」という技法を用いる。基本の技術は、四つ目編み、六つ目編み、八つ目編み、網代編み、ござ目編み、松葉編み、輪弧（りんこ）編み、菊底（きくぞこ）編みの八つ。この組み合わせ次第で400通り以上の編み方が可能で、それを使いこなして現代の形に活かすのが職人の腕になる。用途に応じて、マダケ以外にも、ハチク、クロチク、ゴマダケ、メダケなども用いられる。

現代の作品には、炭斗篭（すみとりかご）、野点用御所篭（のだてようごしょかご）などの伝統的工芸品から、花篭、バッグ、竹製テーブルウェア、机、照明器具やインテリアなど幅広くつくられている。

日田下駄（日田市）

日田下駄には、阿蘇の山々で育つ、節がなく木目も美しいスギの根元の部分を使う。削り出しの機械を使い、下駄の形に木を削り出す。削り出した木地を、円柱状に高さ2mほどに積み重ね、2〜3カ月乾燥させると、水分が抜けて軽くなる。木地の表面を焼き、木目をはっきり出す「神代焼」をした白焼きなら無塗装で素材感が味わえる。重ねて塗料を塗る艶出し加工なら耐久性が増す。両足の木目を揃える選別も行い、鼻緒専門の職人が手づくりの鼻緒を結びつけて完成する。

下駄の需要は生活様式の変化により減少したが、日田ではカラフルな下駄や、ヒールのある下駄、サンダルなど、今の生活に合った「はきもの」を創造している。おしゃれで履きやすく、足の裏が気持ちよく過ごせる日田下駄は、ジーンズやスカートにも合うかわいい形を産み出している。

日田下駄は、江戸や大阪で下駄が盛んに履かれるようになった天保年間（1830〜44年）に、代官が下駄の生産を奨励したことに始まる。当初は桐下駄中心だったが、明治・大正時代の頃には日田杉やマツなどでつくられるようになり、静岡、松永（広島県）に並ぶ下駄の三大産地となった。

杵築の木製品（杵築市）

杵築市は、東に杵築城があり、南北の台地にある武家屋敷町が、その間の低地にある商人町をはさみ、サンドイッチのような配置になっている。商人の町には、味噌の醸造元、米屋、茶屋、菓子屋など堂々とした町屋が並ぶ。その中に江戸時代に建てられた建物で、曲げ物や木製品の製造販売を営む店がある。

薄く削ったヒノキを曲げ円形につなげ、薄く削ったサクラの皮で留めて、フルイやセイロをつくる。焼き杉の下駄は、木目が美しく足裏に心地よい。履く人の足の大きさに合わせて鼻緒をすげる。

セイロについても、使い方を伝えてくれる。中華セイロは、鍋の内側にはめて使うが、和セイロは鍋の縁に載せるため、鍋に合う大きさのものを選ぶとよい。使用後はたわしや棕櫚で水洗いするのが基本。洗った後は外で陰干し、または室内の風通しのよいところで乾燥させる。抗菌作用のあるヒノキを素材としているが、湿ったままの放置は禁物である。使い手が使うたびに手入れをして、必要な時点でつくり手が修理をしていけば50年後も役に立ってくれる道具である。豊後牛や守江湾の牡蠣、金山シイタケなど杵築の恵みをセイロで蒸せば一層旨味が増すことだろう。

七島藺（国東市）

シチトウイは、イグサと同様、畳表の材料となるカヤツリグサ科の草である。その断面が、イグサは丸く、シチトウイは三角形という点に違いがある。耐久力があり火気に強いため、柔道畳や農家作業場、呉服屋の畳などに縁をつけずに使われてきた。シチトウイの畳は、材料の栽培に手間がかかり、製織も一日に畳表2畳分程度しかできないため、価格が高い。しかし、天然素材の琉球畳（半畳縁なし畳）として、自然志向の求めに応えている。畳のほかに、円座、角座、ラグ、草履なども商品化されている。

「七島（シチトウ）」は鹿児島県にあるトカラ列島の七つの有人島を指すのだが、シチトウイの原産地は沖縄であり、後にトカラ列島でもつくられるようになった。大分県での栽培の始まりには諸説ある。

まず、ある若者が商用で訪れた薩摩で琉球の草蓆を見て魅了され、数々の困難を乗り越えて、シチトウイの苗を入手し、栽培と製造の生産に成功した説。次に、領内の金山に薩摩から来ていた鉱夫の敷いている青莚を見た金山奉行が青莚を生産して藩財政を改善しようと進言したことが、さまざまないきさつがあった後に、薩摩藩からの製法導入につながったという説。さらに、弓の達人の庄屋が通し矢を奉納した礼にシチトウイの苗を得て栽培し青蓆をつくった説。いずれにせよ、シチトウイには350年以上の歴史があり、国東半島で受け継がれている。

豊後絞（大分市）

絞り染めは、布を糸で括ったり、縫うなどして防染した後、染液に浸し、糸を解く染織法である。染料が染みた部分と防染した部分とで模様ができる。世界各地に伝わる技法で、日本にもさまざまな絞り染めがある。

室町時代後期、豊後国高田荘に相模国から地頭として赴任した三浦氏は、ワタ栽培をもち込み、三浦木綿がつくられた。江戸時代初期には、藍で絞り染めをした三浦木綿が、豊後絞りまたは三浦絞りと呼ばれて全国に広まる。豊後絞りは明治時代半ばに姿を消すが、平成時代に入り、大分市において絞染め作家安藤宏子と地元の人々が復興した。

愛知県の有松・鳴海絞には、ぶんごや三浦絞りという技法がある。豊後で豆絞りと呼ばれる技法で、江戸時代に大分から伝わった。この技法は、鳴海から秋田へも伝わりなるみと呼ばれている。

民　話

地域の特徴

大分県は九州東部に位置し、東は九重連山、祖母傾山を背に、西は国東半島が周防灘、瀬戸内海に向かっている。南は海部郡というかつての地名が物語るように、海人の住んでいた地域があり、また、北は中津市を中心とした平野地域が広がっている。気候は内陸部の日田、玖珠など寒暖の差が激しい地域を除いて比較的温暖である。

大分は別名「豊の国」とも呼ばれ、『古事記』『豊後国風土記』にその地名の由来が伝えられている。その豊国は7世紀末に二つに分けられ、豊前、豊後となった。江戸時代には七つの藩と幕府の天領、他藩の飛び地が村落ごとに散在していた。その小藩分立を逆手にとって地域の活性化につなげたのが一村一品運動である。

豊前地域は、江戸時代は小倉藩に属しており、現在でも大分より北九州を近くに感じている。また、豊後地域には熊本肥後藩の飛び地がある。

農業、林業、畜産業、漁業などの第一次産業が盛んであり、豊後牛、関アジ・関サバ、とよのか苺、日田杉など、多くの産品がある。また、東南アジアに近い地の利を生かして、大分臨海工業地帯の造成を行い、日本製鉄などの企業を誘致している。また、大分県の自然エネルギー自給率は、30.1％で全国の都道府県で最も高い。それは温泉を利用した地熱発電所があることが要因である。その温泉を利用した観光地としては、日本一の温泉湧出量を誇る別府、湯布院などが知られている。

伝承と特徴

大分は瀬戸内海を通じて瀬戸内海沿岸地域との交流があり、また、福岡県との県境にある英彦山、求菩提、国東半島などの修験道山伏、宇佐八幡宮関連の宗教者によって芸能などの伝播が行われていた。宇佐八幡の楽人として国東半島一帯に住んでいた人々は、後に芸能者となって田舎歌舞伎や人形浄瑠璃の一座を組んで、遠くは佐賀まで巡業した。中津市北原には人形浄瑠璃芝居の村が今でもある。また、その隣村の伊藤田(いとうだ)には、国重要文化財の古要(こよう)神社「傀儡(くぐつ)の舞」がある。この人形遣いの人々も歌舞伎一座と同様に、広い地域を巡業した。また、県南の臼杵(うすき)には海に住む人々がいた。家船(えふね)に住む人々で、『臼杵博識史』によると蜑人(あま)の集落があった。それと並んで別府には、湯治船(とうじぶね)が江戸時代から昭和初期まであった。湯治のために各地（主に瀬戸内海沿岸）から船がやってきて、湯治をし、船で寝泊りする旅行である。

大分は「豊後干し椎茸」で有名であるが、その椎茸栽培にかかわったのが「豊後なば山師」である。なばは、椎茸のことであるが、豊後なば山師は遠く奄美、沖縄にも行っている。椎茸栽培は本来自然栽培であったが、植えつけ方が考え出され、各地に広がった。その椎の木に打ち込む駒打ちを教えに行ったのが、豊後なば山師である。

大分の昔話研究は、笑い話の「吉四六話」から始まった。中央では柳田國男の主宰できっちょむ研究会ができ、宮本清、土屋北彦、中田千畝、安部郁などが参加した。しかし、地元では吉四六顕彰会を作り、史実に基づいて調査し、再話するという形が多かった。そのような中で『大分県の民話』『杵築(きつき)の話　重安アサヱの語り』などを出版した土屋北彦の存在は貴重であった。郷土史的、教育的な手法を排除し、徹底的に民俗学的な方法で民話を調査・採集している。

また玖珠(くす)には、日本のアンデルセンといわれた久留島(くるしま)武彦がおり、明治・大正・昭和にわたって童話の語り（口演）を指導し、大いに広まった。伝承された昔語りよりも、童話そのものを暗唱して語るという手法である。今でも公共の施設での口演の勉強会は、間の取り方や呼吸法、滑舌などの練習が中心となっている。

おもな民話(昔話)

吉四六話

大分県の民話の伝承の特徴は、多くの伝承が土地や歴史上の人物と結びついて伝説として語られることである。「吉四六話」の主人公は、臼杵市野津の広田吉右衛門という実在の人物であるとされている。同様のとんち話は同じく大分県内で「吉吾話」「寒田(さわだ)話」「高千穂話」「座頭話」としても伝承されている。「吉四六話」については、万延年間（1860～61）、広田左馬太が參勤交代の途次に書き留めた覚書がある。さらに1897（明治30）年には地元の新聞に掲載され、その後各地に広まっていった。その後1926（大正15）年、東京で柳田國男によって「きっちょむ研究会」がつくられ、1977（昭和52）年には教科書にも採用され、全国的に知れ渡った。

「豊後で吉よむ、豊前で吉吾話」といわれているが、現在は吉四六話は野津を中心とした地域に、吉吾話は国東半島を中心に伝承されている。寒田話は福岡県築上郡築城町の寒田に伝えられ、黒田長政に対しての反抗を示した笑話である。その後、中津を中心に国東半島一帯に流布した。これは黒田氏が中津を治めた時期であり、その影響と考えられる。1975（昭和50）年に出版された『全国昔話資料集成17　大分昔話集』には「源五郎の天昇り」とあり、教科書で有名な「吉四六さんの天昇り」は「吉吾さんの天昇り」としても伝承されている。

吉四六話は、新聞に「吉右衛門譚」をはじめ、読み物として大分方言ではなく共通語で著されていることが多い。教科書に載せられ有名になった「吉四六さんの天昇り」の内容は、「ある日、吉四六は家を建てるための土地固めに（田んぼの代掻きのために）一計を案じた。吉四六があす天に昇る、と触れ回ったのだ。村人はそれを見るために田んぼに集まって来た。そして「ワシが昇るのを踊って励ましてくれ」、と集まった村ん人に頼んだ。村ん人は「危ないもんじゃ、危ないもんじゃ」と歌いながら踊ったので、梯子の上まで上った吉四六は、「そうじゃのう、危ないけ止めちょく」と言って上るのを止めてしまった。土地は固まっ（田んぼはよく代掻きができ）たそうである。」

また、次のような話もある。ある時、村の人が馬に重い荷物を積んで歩いていた。すると、それを見ていた吉四六は、「それじゃぁ馬が気の毒きい」と言って、荷物を降ろした。「わしが持っちゃるけん」と言ってその荷物を持つと、馬の背中に乗ったそうだ。

蛇婿入り（苧環）

県央大野市緒方には、『平家物語』巻8にある「畏ろしき者の末裔」の緒方三郎惟栄の話が伝承されている。これは「蛇婿入り」の苧環型の民話である。緒方三郎惟栄の始祖譚となっており、伝説として伝承されている。この話は臼杵市深田にもあり、緒方惟基と伝えている。話の内容は、「美しい娘のところに、夜な夜な男が通ってくる。娘は身重になったが、男は正体を明かさない。居所を突き止めようと、男の着物の裾に糸のついた針をつけた。夜明けになって帰っていく男についていた糸を手繰っていくと、糸は岩穴に続いていた。覗き込むとそこには大蛇がおり、「吾は祖母嶽（そぼだけ）の神なり。娘の孕む子は男子。姓を大神、名を惟基と命ぜよ」とある。

この話は三輪山神話として、各地に伝承されている。この始祖伝説の蛇婿入りは、宇佐八幡宮と関連がある。緒方氏が大神（おおが）一族であり、大神一族は宇佐氏によって宇佐八幡宮を追われた結果、大野郡に定着したとの説が有力視されているからである。大和三輪氏の下向土着という説もある。

亀の報恩

大分の昔話は、吉四六さんか、真名野長者伝説か、緒方の蛇婿入り（へびむこ）かというように伝承が固定化しているが、1975年に出版された『大分昔話集』、1980年に出版された『日本昔話通観23』をみると、「物言う亀」「亀の報恩」などが載っている。その話は、「昔々その昔、ある所に一人の若者があったとこな。その若者は子どもがいじめている亀を買い、河へ逃がしてやった。その若者が聟さんに行くことになったが、裏山の松の数を数えられなければ、聟に行けないと言われる。すると助けた亀が現れ、松の数を数え始めた。さらに蜂が助けてくれたので松の本数を数えることができた。しかし帰るとき、川を渡れずに困っていると、また亀が現れて川を渡ることができた。そして家に帰って松の数を言うとちょうど合ったのんじ。それで聟になることが出けたということや。」となっている。話の要素として、浦島太郎譚との関連が指摘できる。

おもな民話（伝説）

浮島伝説

周防灘に浮かぶ姫島には、浮島伝説がある。こんな話である。姫島は大昔は浮島で、海上を流れ動いてゐたそうだ。処が何処からか一人の姫神が現れなさって、矛千本を以て此の島を縫い止められた。そしてその矛を埋められた塚を千本塚といひ、今でもこの塚を発（ひら）いて矛を掘り出すと、又この島が浮いて流れだすと伝へる（『豊後伝説集増補』)。浮島伝説は福岡、奄美にもあり、韓国の『三国遺事』にもある。

炭焼き長者

炭焼き小五郎伝説は、真名野長者伝説ともいわれ、臼杵市深田にまつわる話として伝承されているが、三重町にある蓮城寺（内山観音）に伝わる話もある。臼杵市深田は国宝臼杵石仏のあるところで、周りには満月寺、室町時代につくられた真名野長者夫妻像、蓮城寺がある。話の内容は、「京から顔に痣のある玉津姫が、神のお告げで三重の炭焼小五郎に嫁げと言われる。それに従い、山を踏み分けやっとのことで炭焼き小五郎に出会う。そして、玉津姫はお告げのとおり、小五郎と結婚したいと小五郎に告げる。しかし、あまりの貧乏暮らしゆえに結婚を断った小五郎に、玉津姫は小判を差し出した。それを見ても、小五郎はちっとも喜ばない。そして「こんな物は炭焼きの釜にいくらでも転がっている」と言い、玉津姫を驚かせる。それで釜の周りを見ると金の塊が山のように転がっているではないか。これによって炭焼き小五郎は金山の所有者になり、真名の長者と呼ばれるようになった。その後、神のお告げにより、淵で顔を洗うと痣も取れ、美しい娘も生まれた。その娘は成長して美しい娘となったが、その般若姫を貰い受けたいと、京のさる尊いお方が草刈男となって長者の家で働いた。それを知った長者は、娘を差し上げることにした。しかし、京に上るために舟に乗った姫は大風に遭い、海の藻屑となってしまった。

この話は大分県東南地域には広く伝承され、盆踊りの口説きとして今でも踊られている。江戸時代の『臼杵博識史』にも載せられている。

朝日長者

別府から湯布院に向かう道に、小さな木でつくった看板がある。「朝日長者原」と書いてある。ドライブインができているが、近くの人に聞いてもほとんどの人が、なぜここに朝日長者の名が付いているのかを知らない。その由来は次のような話による。「その日は、一日で終わる田植えが夕暮れまでに終わりそうになかった。そこで朝日長者は扇山に登り、金の扇をひらいて夕日を招き返した。日は中天に昇り、田植えを一日で終えることができた。」

この話は九重一帯に伝承されている話である。しかし、『大分県郷土伝説及民謡』にある「朝日長者」は、いくつかの話が混在している。まず、①玖珠の由来、②真名野長者説話の中に、用明天皇が草刈に身をやつした山路がここでは絵師になっている。その絵師が書いた姫の絵を風に飛ばされ、その絵に描かれた姫は殿様に見初められる（絵姿女房）。③真名野長者伝説、④山路を皇子と気づいた浅井長治がその功により朝日長者という称号をもらった。⑤その後起こった大洪水に際して、朝日長者の三人娘の末娘が、男池の守り神大蛇の口に躍り込む。⑥大蛇は消え、末娘は助かり、玖珠八幡多久見長者の三男と結婚する。⑦朝日長者からの贈り物が、今の野上村奥双石にある餅の化石となった鏡石である。⑧嗣子（しし）のいなかった朝日長者は、養子を迎えた。驕り高ぶっていた長者は、百姓の宝の鏡餅を射らせた。すると、矢は一羽の白鳥と化して、空に飛び去った。⑨そして栄華を誇った長者の家も没落する。このようにさまざまな要素が混在している。ここでは朝日を沈ませないという要素は消えている。

瓜生島伝説　この瓜生島伝説は、今でも「これは本当にあったことなんですか」と県庁の文化課に問い合わせがあるという。それは、1977年に加藤知弘氏によって実地調査が行われているからである。

その島には恵比須の社があり、その神像の顔が赤くなると島が沈むといわれていた。島の若い衆がいたずらでその象の顔に朱を塗って赤くした。すると、海が騒がしくなり、島は一瞬にして沈んでしまったという。この話は『大分の伝説』によるが、この瓜生島については、土屋北彦の『母の昔話』に詳しい。以前、地元の「大分合同新聞」に、一般の読者にも読みやすく掲載された。土屋は日本の各地にも同様の伝承があることを指摘しているが、類話は日本だけでなく韓国にも伝承されており、研究が待たれる。

おもな民話（世間話）

姫糞（ひめくそ）　豊後高田市の西叡山に土蜘蛛がいて、盆の16日に高田の円福寺に、三人の姫に化けてお参りに来るという。会った人は死ぬか、病気をするかと恐れられている。ある時、高田の金兵衛が夜遊びの帰りに、遠くから来る三人の姫を見て、慌てて土橋の下に隠れていると、「人臭い」「たった一口」と声がする。震える金兵衛が「たった一口でたまるか」と言うと、三番目の姫が「寺参りじゃ、帰りにしょうや」と言う。姫たちが通り過ぎてから、金兵衛は飛んで家に帰った。次の朝そこへ行くと、大きな糞が三つあったと言い、そこを姫糞と言うようになったという（『国東半島の民話　第1集』）。

その後、「盆の16日には、姫糞のところを歩くな」となったという。盆の16日は死鬼や幽霊が、冥界からこの世に現れる日という民俗伝承は各地にある。姫糞は、西叡山の土蜘蛛が寺参りする道筋ということになろう。夜の都大路で「百鬼夜行」に会うと命を取られる説話が連想される。

セコ

地域の特徴

大分県は九州の北東部に位置している。豊後水道をはさんで東に愛媛県、周防灘をはさんで北に山口県が存在し、北西で福岡県、西では熊本県、南に宮崎県と接している。面積は約6,300 km^{2}あり、英彦山（ひこさん）や祖母山、九重連山などの山々が面積の多くを占めている。

現在、大分県には18の市町村があるが、江戸時代には中津、杵築、日出、府内、臼杵、佐伯、岡、森の八つの藩と島原、肥後、延岡という三つの飛地領に加え、幕府の直轄領が存在し、各領地は複雑に入り交じっていた。これが「小藩分立」であるが、多くの藩に分立できてしまうほど、大分県の地形は複雑である。地形の複雑さに小藩分立策の影響か、大分県の文化は統一性や独自性がなく、複雑でいて多様であるとみられている。

伝承の特徴

多くの地域と市町村合併したところほど、妖怪伝承は必然的に多くなる。そんななか、旧野津町としか合併していない臼杵市はすでに100以上の妖怪伝承が確認されている。これは臼杵市で妖怪を使った町おこしを行っている「臼杵ミワリークラブ」の働きによるもので、臼杵市は妖怪伝承の採取および活用が進んでいる。市町村合併していない地域は確かに伝承が少ないが、それでも20以上の妖怪伝承があることは確認できている。

大分県の伝承は多様であるが、特に河太郎や河童、河伯などの水怪の話が多い。日田市にて捕らえられた水怪を写した「寛永年中豊後国肥田ニテ捕候水虎之図」はいうにおよばず、『和漢三才図会』や『日本山海名物図会』に豊後の名産として河太郎（川太郎）があげられていることからも水怪の伝承の多さが窺える。水怪や蛇の話はどの市町村にもあるが、その背景には河川の氾濫などによる水難事故の多さが関係しているのだろうか。

蛇や河童以外では、鶏鳴・九十九伝説、竜宮淵や水蜘蛛、塗り壁、産女、馬の首などが県内各地に分布している。他県で「山童や天狗の仕業」と説明される現象も、大分県内では「セコ」がその役目を担っていることが多い。これも大分県の伝承の特徴としてあげられるだろう。

主な妖怪たち

空き家の化け物

僧が空き家に泊まるとその晩、小皿、お椀、鍋の欠けらが床下から出てきて踊り出したという話。臼杵市には他にも金、銀、銅、壺の各精霊が現れる「宝化物」の話がある。豊後高田市には「棟椿木（とうしゅんぼく）」をはじめ「北岩（ほくがん）の老猿（ろうえん）」「山池（さんち）の狸妖（りよう）」「西竹林（さいちくりん）の鶏（けい）」らが廃寺に現れる話がある。中津市には「雨坊主（あまぼうず）」が雨の降る日に出る。カラカサの形をした一つ目一本足の小僧で、大正時代に子どもはよくこの化け物の絵を描いたという。大分市の法心寺の墓場には具足や刃物が埋まっており、ここを通ると足を挫いたり怪我をしたりするという。

赤豆洗（あづきあらい）

四島（八津島神社近辺のことか）では人が通ると、毛だらけの藁槌に似た形をした「赤豆洗」という化け物が転がり出てくるという。赤豆洗のように転がってくる妖怪は、他に「トックリヘビ」「コロ」「ハンドコカシ」「コッケラバチ」「ケッコロボシ」などがある。トックリヘビやコロは世にいう「ツチノコ」の類に入る。ハンドコカシは臼杵市に伝承があり、水瓶（はんど）が転がってくる、もしくはそのような音がするという。コッケラバチ、ケッコロボシはともに佐伯市の妖怪で白い真綿のような塊が転がってきて通行人の足にまとわりついては歩けなくさせる。

犬神

家に取り憑く憑き物。日出町内には犬神藪や犬神小路（いぬがみしょうじ）といって、犬神が住んでいるとされる場所がある。南部地域では「夜刀神」と書いた札や軸を「富尾神（トビノオガミ、トビノオサマとも）」と称して祀る所もあるという。日出生台や祖母山、傾山に住む大蛇を殺すと「富尾神」になって憑くと伝える所もある。

ウグメ

「産女」「児抱かしゅう」「ツクナ」などとよばれる、赤子を抱いた女が道ばたに立っているという妖怪である。これは死んだ産婦がなるものだとされ、立っているだけのものもあれば、通行人に赤子を抱いてほしいと頼むものもいる。赤子を抱いたら、いつのまにか藁打槌（わらうちづち）や石に変わっていたという話もあるが、最後まで抱くとお礼に力持ちにしてくれたという話もある。例外だと国東市富来の「ウブメ」の話がある。

このウブメは夜道を歩いているとチッチッチッと鳴いてついて来るという。これに似た怪に津久見市の「フナザンさん」がある。

馬の首

突然、馬の首だけが現れる、馬のいななきや馬が歩いている音が聞こえてくるという怪である。合戦から主の遺書を家に届けた馬が、主人を見捨てたと勘違いされて首を切り落とされたという由来が臼杵市や竹田市で語られている。また、国東市では「ウマンクビ」とよばれ、狐火の一種であるという。黒岳には「馬鬼」という頭に角が生えた馬の話がある。元は神に捧げられた馬であったが、いつしか人を襲うようになった。

海じじい

「海じじい」は佐伯市の海の怪である。たき火を起こして栄螺を焼いていると焼いた中身が消えている。船の綱を通す鉄輪からたき火の方を見ると海じじいの姿が見えた。逃げると「もうちっと栄螺を食わせぇ」という声が聞こえたという。類話は佐伯市に多く市外だと国東市の「海坊主」「オデエモン」ぐらいである。佐伯市には「一つ目五郎」ともよばれる海坊主がおり、一眼一足で立って繰り返しに進み、出逢う人を打ち殺す。県内では海坊主の話より「海幽霊」「亡者船」など「船幽霊」の類が多い。柄杓で海水を汲む、船の形で現れる、暗礁などに乗り上げさせる、船上に乗り込んでいるといった話が確認できる。

蛇龗（おかみ）

『豊後国風土記』に「蛇龗」という蛇もしくは龍と思われる水の主が出てくる。大分県下には蛇の姿の化け物の話は河童などの水怪に匹敵するほど多く、どの市町村にも必ず蛇の妖怪の話が伝わっている。蛇はよく人の姿に化ける。竹田市や臼杵市には男に変じて、人間の女のもとへ通う話がある。逆に女に変じて女房になる話があるかと思えば、別府市の「猪の瀬戸の蛇」や由布市の「湯平の蛇女」のように女の姿で道行く人や湯治客を襲う蛇の妖怪もいる。

鬼

鶏鳴・九十九伝説だが、宇佐市の大蛇がつくった石段以外はすべて鬼が登場し、最低でも県下11か所の地域には神と鬼との約束により築かれたとされる遺物が存在する。鬼が約束を果たすも、人間が約束を守らなかったため、屋敷を燃やされるという話が杵築市にある。豊後大野市に伝わる「乳鬼子」は黒原山（おそらく熊本県の山）に住む鬼で、釜を被ることで矢を防いでいた。しかし、「矢が尽きた」と騙されてついには退治されてしまう。

河童　県内には「ガータロー」「ガワッポ」「ヒョウスベ」などさまざまな水怪の総称があり、姿形も微妙に違う。県内で一、二を争うほど多く、あまりにも多いので目にとまったもののみ紹介する。日田市では提灯を灯して道を歩くと「川坊主」が出てきて提灯の火を消すという。大分市の「カントン」は雨の降る日に綺麗な着物を着た少女に化け、一緒に遊ぶ子の尻を抜くといい、親から子ども脅しとして使われる。玖珠郡の「ガワタロ」は時々木に登るといい、水に溶けて逃げる蛇は山の神か川の者（ガワタロ）であるともいう。「川者（かわのもの）」に憑かれて病気になったときは法者に頼んで、御幣で撫でてもらい、紙袋の中にそれを入れて焼くという。宇佐市ではタクシー幽霊の怪談は「川姫」の仕業だとされる。中津市では河童などのように川姫は山に行けば「山姫」になるという。

キネズー　「キネズー（杵胴とも）」は日田市、九重町、玖珠町でいう雪の日の怪である。雪が降り積もった朝、外に出ると片方だけの足跡が点々とついているのはキネズーの足跡だという。寝付かない子どもや泣く子どもには「キネズーが来る」と言い、雪の降る夜は「キネズーが来るから外に出るな」と言っていたという。雪の怪といえば雪女であるが、吹雪の中を舞い、犬ヶ岳に来た人を凍死させる「雪姫」の話が中津市にあり、佐伯市には口が耳まで裂けた「雪女郎（ゆきおなご）」が小屋の中にいた男たち全員の血を吸い取り殺す話がある。

クダン　豊後高田市の方で生まれた「クダン」は「7軒をカンジョウ（諸説あるが浄化の意味ともいう）してもらった米を炊いて食べないと悪いことがある」と告げて、3日後に死んだ。佐伯市では「件（くだん）は眞實（まね）を云うものだ。人魚は嘘をいうものだ」という。件は人面牛身であるが、佐伯市に現れる「牛鬼」は牛頭人身であるといい、見た人は寝込むという。

子取り　宇佐市では、「子取り」は泣く子どもを背中の袋に入れて連れ去るという。子攫（さら）いの怪は他に、佐伯市の「ケイカロボシ」、大分市の「袖引き婆」、臼杵市の「コートロ」が確認されている。大分県内での怖い存在、妖怪の総称として「ガンコ」があるがあまり聞かない。臼杵ではいつまでも土蔵で遊んでいると「がも爺」が現れるともいい、津久見市では夜に口笛を吹くと魔物（おじいもん）が寄ってくるというそうだ。

セコ　「セコ」は山と川（または海）とを行き来する怪。また、山中の音の怪や憑き物も兼ねている。他県では「山童」というが、県内ではセコの他に「山セコ」「セコドン」「山太郎」などとよぶ。川にいる間は「河童」など別の名前に変わることが多いが、セコのまま行き来すると伝える所もある。セコは騒ぎながら移動する。セコの通り道の上に小屋を建てれば揺さぶられ、なば木を組んでいれば倒されるという。山にいる間はさまざまな音真似をするが、鉄砲の音真似だけはできず、豊後大野市では鋸の音を嫌うという。高崎山の山童は樵（きこり）の仕事を手伝い、山神社に祭られるまでになったが、日出生台の「山アロ」は仕事を手伝うが怒りやすく、山アロの勘違いで樵（きこり）が怒鳴り殺されている。

殺生石　九重町、竹田市、別府市に「殺生石」という石がある。これに触れた鳥は落ち、毒気にあてられた獣は死ぬという。別府市の「かえる石」の下には悪霊が封じられており、注連縄（しめなわ）を切ると祟られる。杵築市の「天狗礫」は打ち当たると必ず病む飛礫（つぶて）だという。日田市の「今にも石」の前を通るとき「昔ここにエズイモンが出た」と言うと、「今にもー」という声とともに、石の側から毛だらけの脛が１本下がったという。

せんちん婆さん　便所にツバを吐くと「せんちん婆さん」が口のはたをつねってごきだこ（おでき）をつくるという話が臼杵市にある。小学校では、トイレの４番目の個室で４回流すと「四回婆さん」が出てくるという。大分市には「センチンボウズ」というトイレの怪がある。便所の中にいて、人の尻穴に手をつっこんでは心臓を抜き取るという。豊後大野市では夜中に学校のトイレに入ると「サンボンユビ」が出てくると聞いた。姫島村では夜遅くまで起きていると「ゲンノババが出るぞ」といい、ゲンノババに頭をつかまれないために盥（たらい）を被って夜中、戸外の厠（かわや）に行っていたという。

七不思議　大分県には姫島、両子寺、安心院盆地、飯田、岡城下、宇目、救民、石城寺、入津湾、鶴見岳にそれぞれ七不思議がある。特に岡城下七不思議は「眞門庵のぬれ草鞋」「七里馬場七本杉」「長井戸八尺女（おなご）」「源爺が岩の箕化物」「上角のヒュウヒュウバタ」「溝川の小豆洗」「琵琶頚の御輿入道」の七つでヒュウヒュウバタ以外はすべて妖怪が関わっている。

人魚　国東（くにさき）市では庚申（こうしん）が赤ん坊のような「人魚」を料理として人々に振る舞い、一人その場に残った東方朔が平らげたという。杵築市の人魚は工藤惟策という人の網にかかったところを捕まえられ乾物にされた。佐伯市の人魚は百貫五兵衛という人の網にかかったが、同情を誘うまたは祟るとおどして逃がされるのだが、下り松の岬まで逃げると五兵衛をあざ笑って海中に潜っていったという。現在の豊後大野市から将軍家に人魚が献上されたと紹介する本があるが、これは人魚に似て人魚ではないらしく、鳴き声は鹿のようであったという。

ヌエ　豊後大野市では「ヌエ」を「ヒトダマ」という。ここでいうヌエとはトラツグミのことだろうか。人が死後、鳥になるという話は多く、また「乳母の火」「あいたのうの火」「わんうり火」などのように死後に火の玉となる話もいくつかある。「状探しの狸」という話がある。密書を失くした飛脚の霊魂が狸となって火を灯しながら失くした密書を探しているという。この話を「とんとろ落ち」と題する本もあるが、「とんとろ落」とは大分市坂ノ市にある地名である。聞き取りを行ったところ、とんとろ落は灌漑であり、川から水路に水を引き入れる所なのだそうだ。

野ぶすま　空を飛び回る布状の怪物。モモンガを「野衾」というが、話がある臼杵市、九重町ともに「野ぶすま（野ふすま）」と表記する。臼杵市では、正体はコウモリの「コッチュウ（年経た動物の意）」だという。野衾ならぬ「野襖」は前に進めなくなる高知県の怪だが、そのような妖怪を県内だと「塗り壁」「カベヌリ」「ヌルカベ」「白壁」などとよぶ。前に進めないという共通点はあるが、目隠しに遭う、前に壁があるような気がする、実際に壁が出るなど各地域によって起こる現象は違う。正体は狸が多く、狐、イタチ、魔物の仕業とする所もある。日田市には屏風の迫という所があり、ここを通ると屏風が出て見えなくなるという。

饑虫　「饑虫」は宇佐市、由布市、九重町、別府市でいう食べ物を持っていない人に憑いては動けなくさせる妖怪である。別府市では蠱物ともよばれ、行き倒れや飢え死にした旅人がなるとされる。「ヒダルガミ」「ヒダリィガミ」も山や峠を通る人に憑き、空腹で動けなくしてしまう妖怪でこのとき口に何か含めば動けるようになるのだという。屋外で憑くものとして他に「ミサキ風」がある。「ユウレイ風」「タチアヒの風」などともよばれ、憑かれると高熱が出たり、気分が悪くなったりする。所によっては目の前が暗くなって歩けなくなるともいう。祈禱師などに風抜きをしてもらうことで治るとされる。

高校野球

大分県高校野球史

1888年大分尋常中学（現在の大分上野丘高校）の英語教師ウォータスが本国より持ってきた硬球を使って指導したのが大分県の野球の始まりで，97年には同校で正式に野球部が創部されている．続いて中津中学（現在の中津南高校）でも創部され，その後，臼杵中学（現在の臼杵高校），大分師範でも創部された．

1931年大分商業が大分県から初めて甲子園に出場した．戦前に大分県から甲子園に出場したのは大分商業だけで，春夏合わせて7回甲子園に出場，38年夏の1回戦では浦野隆夫投手が台北一中をノーヒットノーランに抑えている．

48年大分二高（現在の大分工業）が甲子園に出場した．以後，大分県勢は東九州大会で5連覇を達成したが，選抜大会では50年以降，17年間にわたって出場することができなかった．

この間，津久見高校が台頭，復活した大分商業とともに2強となった．特に津久見高校は，67年の選抜で吉良修一投手を擁して大分県勢初優勝を達成すると，72年夏にも水江正臣投手で全国制覇している．

大分県では76年から1県1校となった．この年の夏は私立の柳ヶ浦高校が初出場した．以後は相変わらず津久見高校と大分商業の2校が活躍し，76年の選抜では日田林工がベスト4まで進んでいる．

平成に入ると，大分商業と津久見高校の2強の力が落ち，代わって柳ヶ浦高校が甲子園の常連となって，94年夏にはベスト4まで進出した．また，藤蔭高校も甲子園に出場するなど，関西などからの野球留学を積極的に受け入れた私立高校の活躍が目立つようになっている．

2001年夏に明豊高校が初出場してベスト8に進出．以後県を代表する強豪校に成長して，19年選抜でベスト4に進んだ後，21年選抜では準優勝した．

主な高校

臼杵高（臼杵市，県立）

春0回・夏2回出場
通算1勝2敗

1897年大分県尋常中学校臼杵分校として創立し，1901年県立臼杵中学校となる．48年の学制改革で県立臼杵高等女学校と合併し，県立臼杵高校となった．

03年創部．旧制臼杵中学時代の47年夏に甲子園初出場を果たした．臼杵高校となった49年夏にも出場し，初戦を突破している．OBには津久見高校監督を長く務めた小嶋仁八郎がいる．

大分高（大分市，私立）

春1回・夏2回出場
通算1勝3敗

1948年に開校した大分外国語専門学校が前身．52年大分高校として創立し，同時に創部．2014年夏に甲子園初出場．19年選抜で松山聖陵高校を降して初勝利をあげた．

大分上野丘高（大分市，県立）

春3回・夏1回出場
通算0勝4敗

1885年大分中学校として創立．86年大分県尋常中学校，97年大分県大分尋常中学校，1901年県立大分中学校と改称．48年の学制改革で県立第一高等女学校，県立第二高等女学校，県立碩南中学校を統合して県立大分第一高校となり，51年大分上野丘高校と改称した．

1888年に野球が始まり，97年に正式に創部．大分中学時代の48年選抜で初出場．翌49年選抜には大分一高，58年夏には大分上野丘高校として出場．2009年選抜に21世紀枠で選ばれ，51年振りに甲子園に出場した．

大分工（大分市，県立）

春0回・夏3回出場
通算0勝3敗

1902年組合立工業徒弟学校として創立．06年町立に移管し，10年別府工業徒弟学校と改称．18年県立に移管して，県立工業学校となる．31年県立大分工業学校と改称．48年の学制改革の際に大分商業学校と統合して県立大分第二高校となる．51年商工分離して大分春日高校となり，53年に県立大分工業高校と改称した．

28年創部．大分二高時代の48年夏に甲子園初出場．93年夏に45年振りに出場した．2010年夏にも出場している．

大分商（大分市，県立）

春6回・夏14回出場
通算16勝19敗

1917年大分市立大分商業学校として創立し，32年県立に移管．48年の学制改革の際に大分工業学校と統合されて大分第二高校となる．51年独立して大分城崎高校となり，53年大分商業高校として復活した．

21年創部．31年夏に大分県勢として初めて甲子園出場．38年夏1回戦の台北一中戦では浦野隆夫投手がノーヒットノーランを達成した．戦前に春夏合わせて7回出場．戦後も51年夏に大分城崎高校として復活，60～80年代にかけて活躍した．近年は2013年夏と20年春（中止）に出場している．

佐伯鶴城高（佐伯市，県立）

春0回・夏3回出場
通算3勝3敗

1911年南海部郡立佐伯中学校として創立．16年県立に移管．48年の学制改革の際に佐伯高等女学校と統合して佐伯第一高校となる．51年佐伯鶴城高校と改称．

11年創部．74年夏甲子園に初出場して初勝利をあげ，86年夏にはベスト8まで進出した．OBには山中正竹バルセロナ五輪代表監督がいる．

津久見高（津久見市，県立）

春6回・夏12回出場
通算24勝16敗，優勝2回

1939年町立津久見工業学校として創立し，44年県立に移管．48年の学制改革で県立津久見高校となる．2012年臼杵商業，海洋科学高校と統合．

1947年軟式野球部として創部し，翌年硬式となる．52年小嶋仁八郎が監督に就任して強くなり，同年夏に甲子園初出場．65年夏にベスト8に進むと，以後は強豪として活躍，67年春には大分県勢として初優勝した．72年夏にも全国制覇している．88年に春夏連続してベスト8に入って以降は出場していない．

鶴崎工（大分市，県立）

春0回・夏3回出場
通算1勝3敗

1906年私立の工業徒弟養成所として創立し，31年県立鶴崎工業学校となる．48年の学制改革で町立鶴崎中学校，大分県鶴崎中学校，大分県鶴崎高等女学校と合併して県立鶴崎高校となり，50年東豊高校と改称．61年再び分離して，県立鶴崎工業高校となった．

分離独立した61年に創部．71年夏に甲子園初出場．89年夏には初戦を突破している．2006年夏にも出場した．

藤蔭高（日田市，私立）

春1回・夏3回出場
通算0勝4敗

1950年日田高等経理学校として創立．54年日田商業高校となる．75年普通科が設置され，85年藤蔭高校と改称．

51年に軟式で創部し，81年に硬式に移行．90年夏に甲子園初出場．2018年から2年連続して夏の甲子園に出場した．

中津東高（中津市，県立）

春0回・夏2回出場
通算1勝2敗

1944年県立中津工業学校として創立．48年学制改革で市立商業学校と合併して中津第二高校となり，51年中津東高校と改称．63年再独立して県立中津工業高校となる．2009年中津商業と統合して中津東高校に戻った．

1946年に軟式で創部し，翌47年硬式に移行．中津工業時代の83年夏，甲子園に初出場して初戦を突破．2000年夏にも出場，好投していた長谷川敬投手が熱中症による足の熱けいれんに見舞われるというアクシデントもあって敗れた．

日田林工（日田市，県立）

春2回・夏4回出場
通算7勝6敗

1901年大分県立農林学校として創立．23年日田農林学校，25年日田山林学校，30年日田林工学校と改称．48年の学制改革で日田第二高校となる．53年日田林工高校と改称．

49年創部．73年夏甲子園に初出場すると3回戦まで進出，76年には選抜大会に初出場してベスト4に進出した．近年は2008年夏に出場している．

別府翔青高（別府市，県立）

春1回・夏1回出場
通算0勝2敗

1964年女子校の大分県立別府青山高校として創立．2015年ともに甲子園経験のある別府商業，別府羽室台高校と統合，別府翔青高校となる．

別府青山高校が共学化した77年に同好会として創部し，間もなく部に昇格．2015年夏甲子園に初出場した．12年選抜にも出場している．

なお，統合された別府商業は夏に1回出場して1勝1敗，別府羽室台高校は春に1回出場して0勝1敗の戦績を残している．

別府鶴見丘高（別府市，県立）

春1回・夏2回出場
通算1勝3敗

1910年私立別府女学校として創立．11年町立に移管して別府女子実業補習学校となり，14年別府女子実業学校と改称．20年町立別府高等女学校に転じ，24年市立，30年県立に移管．48年の学制改革で県立別府中学校と統合して県立別府第一高校となる．51年県立別府鶴見丘高校と改称．

市立別府中学校時代の46年に創部．50年の別府一高時代に甲子園初出場．56年夏には別府鶴見丘高校として出場し，初戦を突破した．68年春にも出場している．

明豊高（別府市，私立）

春5回・夏6回出場
通算17勝10敗，準優勝1回

1908年創立の豊州女学校が前身．27年同校の廃校を受けて昭和女学院が設立され，29年昭和実践女学校と改称．38年豊州女学校となり，39年豊州高等女学校と改称した．48年の学制改革で大分女子高校となる．50年自由ヶ丘高校と改称，58年別府大学附属高校となる．99年明星学園高校と合併して明豊高校となった．

50年に軟式で創部し，翌51年硬式に転じた．2001年夏甲子園に初出場するといきなりベスト8に進み，以後は常連校として活躍．2019年選抜ではベスト4に進出し，21年選抜では準優勝した．

柳ヶ浦高（宇佐市，私立）

春2回・夏8回出場
通算8勝10敗

1910年柳ヶ浦裁縫女子校として創立．24年柳ヶ浦高等技芸学校，41年柳ヶ浦高等女学校となる．48年の学制改革で柳ヶ浦女子高校となる．66年共学化して柳ヶ浦高校と改称．

66年創部．76年夏に甲子園初出場．87年夏に2度目の出場を果たすと，以後は常連校となった．94年夏にはベスト4まで進んでいる．

楊志館高（大分市，私立）

春0回，夏1回出場
通算2勝1敗

1947年に創立された後藤簿記・珠算塾が母体．53年高校に昇格し，大分桜丘高校として開校．96年楊志館高校と改称．

57年に創部．2007年夏に甲子園初出場，高知高校，開星高校と降してベスト8まで進んだ．

大分県大会結果（平成以降）

	優勝校	スコア	準優勝校	ベスト4		甲子園成績
1989年	鶴崎工	6－2	大分雄城台高	佐伯鶴城高	藤蔭高	2回戦
1990年	藤蔭高	5－1	大分商	臼杵高	日田林工	初戦敗退
1991年	柳ヶ浦高	7－0	臼杵高	大分舞鶴高	佐伯豊南高	2回戦
1992年	柳ヶ浦高	10－1	鶴崎工	佐伯鶴城高	中津南高	初戦敗退
1993年	大分工	5－3	大分高	日田林工	別府大付高	初戦敗退
1994年	柳ヶ浦高	3－2	鶴崎工	別府鶴見丘高	藤蔭高	ベスト4
1995年	日田高	6－5	大分東高	藤蔭高	佐伯豊南高	初戦敗退
1996年	佐伯鶴城高	8－4	大分工	鶴崎工	臼杵商	初戦敗退
1997年	大分商	5－3	津久見高	大分雄城台高	大分工	3回戦
1998年	柳ヶ浦高	10－7	津久見高	大分商	大分上野丘高	初戦敗退
1999年	日田林工	4－0	大分雄城台高	柳ヶ浦高	大分高	3回戦
2000年	中津工	4－0	大分工	大分商	大分雄城台高	初戦敗退
2001年	明豊高	3－1	藤蔭高	国東高	杵築高	ベスト8
2002年	柳ヶ浦高	5－1	杵築高	大分豊府高	大分雄城台高	初戦敗退
2003年	柳ヶ浦高	8－0	楊志館高	中津工	佐伯豊南高	初戦敗退
2004年	明豊高	4－1	国東高	柳ヶ浦高	大分工	初戦敗退
2005年	別府青山高	5－0	藤蔭高	柳ヶ浦高	鶴崎工	初戦敗退
2006年	鶴崎工	7－6	明豊高	楊志館高	佐伯鶴城高	初戦敗退
2007年	楊志館高	7－2	大分工	大分雄城台高	森高	ベスト8
2008年	日田林工	11－2	大分雄城台高	柳ヶ浦高	藤蔭高	初戦敗退
2009年	明豊高	4－1	日田林工	大分高	津久見高	ベスト8
2010年	大分工	3－2	明豊高	別府商	日田林工	初戦敗退
2011年	明豊高	6－0	日本文理大付高	大分商	日田林工	3回戦
2012年	杵築高	7－5	藤蔭高	情報科学高	大分東明高	初戦敗退
2013年	大分商	17－2	大分上野丘高	大分高	明豊高	初戦敗退
2014年	大分高	6－5	明豊高	杵築高	大分上野丘高	初戦敗退
2015年	明豊高	1－0	大分商	柳ヶ浦高	杵築高	初戦敗退
2016年	大分高	8－2	佐伯鶴城高	臼杵高	藤蔭高	初戦敗退
2017年	明豊高	7－0	大分商	大分舞鶴高	柳ヶ浦高	ベスト8
2018年	藤蔭高	1－0	柳ヶ浦高	佐伯鶴城高	明豊高	初戦敗退
2019年	藤蔭高	5－1	大分商	大分工	明豊高	初戦敗退
2020年	津久見高	2－1	大分舞鶴高	柳ヶ浦高	佐伯鶴城高	(中止)

やきもの

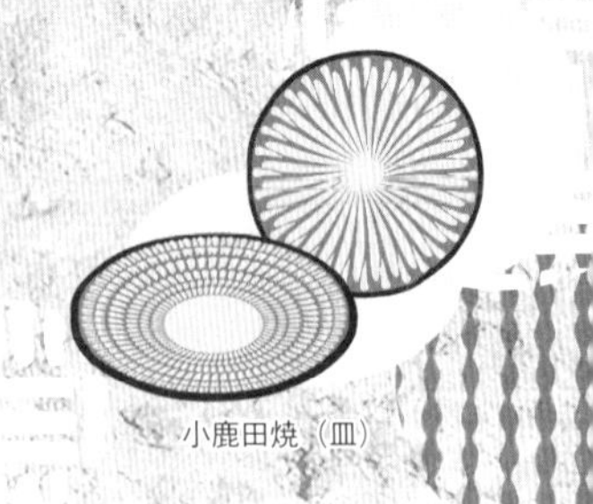
小鹿田焼（皿）

地域の歴史的な背景

大分県は、大半が豊後国で一部豊前国分が入っている。江戸時代には小藩が分立しており、きわめて小規模な窯がいくつか存在したにすぎない。例えば、佐伯焼（佐伯市）は、李朝風の陶器で、毛利高政によって慶長17（1612）年に窯が開かれた。李朝陶工が直接作陶に加わっていたが、短期間で廃窯となっている。

江戸後期になると、臼杵藩11代稲葉弘通の隠居後の風流の楽しみとして、末広焼（臼杵市）を開窯。また、文化3（1806）年には、豊後岡藩の御用窯の小宛焼（大野郡緒方町）が開窯され、一時中断はあったものの、文人画の田能村竹田らによって文化11（1814）年に再開された。竹田は、肥前長崎の亀山焼の窯元を招いて染付を焼いたりしたが、明治7（1874）年に閉窯している。

豊後を含めて北部九州の近世のやきものは、諸大名が連行してきた李朝陶工によって始められており、その陶工たちの遺した遺産が今に伝えられているのだが、上記のようにたどりにくくなっているものも少なくない。

主なやきもの

小鹿田焼

日田市の北部、福岡県境に近い山中の小鹿田で焼かれている陶器である。小鹿田の集落は、皿山（窯場）と呼ばれている。

小鹿田に皿山が開かれたのは、宝永年間（1704～11年）といわれる。日田郡代室七郎左衛門重富の要請により、福岡藩主黒田宣政が小石原皿山（福岡県）の陶工柳瀬三右衛門を招いて開窯した、と伝わる。

以来、小鹿田焼は、ほとんどが生活雑器を焼いてきた。朝鮮系の登り窯を使い、飛鉋、刷毛目、櫛描き流し釉などの大小の甕・壺・茶碗・徳利・土瓶・擂鉢・片口などの陶器を焼いた。飛鉋は、宋時代の修式窯飛白文壺との類似がみられる。また、釉薬は、緑釉・飴釉・黒釉が中心である。

小鹿田焼の大半は、豊前・豊後地方一円の町や村に日田の問屋を通じて販売されていた。故に、小鹿田から離れた所ではこれを日田焼とも呼んだ。

小鹿田皿山で、やきものづくりを生業とした家はもともとは10軒ほどだった。一つの窯を共同で使い、粘土や窯焚き用の薪も全て共同作業で調達していた。半農半工、みんなが力を合わせて細々と、しかし連綿と窯を守ってきたのである。もっとも、近年は、個人窯が多くなり、民芸作家として独立する傾向にある。そして、他からの移住者も迎える傾向にある。しかし、小鹿田焼の味わいは、他の窯場に比べると、しっかり維持されているのはさすがである。

なお、小鹿田焼の伝統的な技法は、平成7（1995）年、国の重要無形文化財に指定された。

末広焼

臼杵市末広の善法寺で、臼杵藩11代藩主稲葉弘通が享和元（1801）年頃に始めた御庭焼。文化12（1815）年頃までの短期間であったが、磁器を目指して築かれた窯である。肥前・筑前小石原・日向延岡から陶工を招き、染付の碗や皿などを中心に焼いた。良質の磁器原料に恵まれなかったためか、白化粧を施したものが多い。

丸山焼

臼杵市の丸山で焼かれた陶磁器。通称、茶碗焼と呼ばれる。幕末の頃、臼杵藩が開窯し、窯場は陶器場と呼ばれた。延岡出身の陶工白瀬定吉らを招き、臼杵藩下屋敷の小倉丈右衛門によって管理された、といわれる。

廃藩後は留恵社（士族授産会社）の経営となったが、その後、陶工個人の経営へと移った。碗や皿、徳利、捏鉢（こねばち）、水指（みずさし）、水甕（みずがめ）、火消壺（ひけしつぼ）などの生活雑器を焼いたが、明治初期に廃窯となった。伝世品として、褐釉の長頚瓶や徳利、染付磁器の牡丹文・梅花文・山水文蓋（ふた）付碗や皿などがわずかに残されている。

Topics ● 唐臼の音風景

小鹿田焼の里（日田市皿山・池の鶴地区）では、毎年10月第2週の週末に「小鹿田焼民陶祭」が開かれている。静かな山間に小川のせせらぎと陶土をつく唐臼（からうす）の音が響く民陶の里。そこは、文化庁重要文化的景観にも選定されている。民陶祭では、その静かな里にある9軒の窯元の軒先に、皿や茶碗類など多くのやきものが並ぶ。

唐臼は、かつては九州の窯場の多くで使われていたが、昭和40年代頃にはほとんど姿を消した。最後まで残ったのが小鹿田の窯場である。唐臼は、サコンタとも呼ばれる。川の水を杵の元（凹（くぼ）味）に引き、その重みで杵先が上り、溜まった水が落ちると杵先が臼を搗（つ）く仕掛けである。これで粘土を粉砕するのだが、規則正しいその音が、なぜか郷愁をさそうのである。その音は、環境省の「残したい日本の音風景百選」（「小鹿田皿山の唐臼」）にも選定されている。

毎年、風景と音とやきものを楽しむ人々でにぎわう祭りである。

Ⅳ

風景の文化編

地名由来

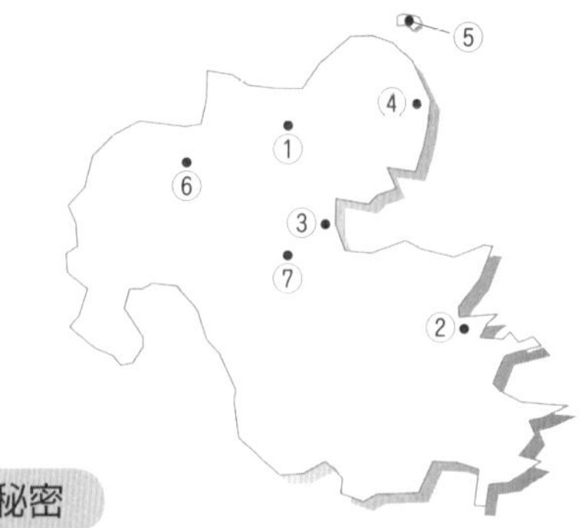

「大分」を「おおいた」と読む秘密

「大分県」の名も、古代からある「大分郡（おおいたのこおり）」の郡名によっている。しかし、「大分」と書いてなぜ「おおいた」と読むのか？　考えてみれば不思議な読み方である。

『日本書紀』景行天皇12年の条にこうある。

「冬十月（ふゆかむなづき）に、碩田国（おほきたのくに）に到りたまふ。其（そ）の地形（くにかたひろ）広く大（おほ）きにして亦麗（またうるは）し。因（よ）りて碩田（おほきた）と名づく」

つまり、景行天皇がこの地をご覧になって、土地が広く大きく美しかったので「碩田（おほきた）」と名づけたというのである。

これについては、いくつかの検証が必要である。美しいというのはわかるが、「広い」と言えるかどうか。天皇がどのルートでこの地に着いたかは不明だが、どのみち山を越えてこの地に入って、広いと感じたということなのだろう。

次に、「碩田」と書いて「おほきた」と読むことについて。まず「碩」だが、一般的には「セキ」と読んでいる。意味は「頭がいっぱいで充実している」「中身が充実していて、優れている」ということである。よく使われる例は「碩学」で、学問が広く深い人のことである。しかし、「碩」には一方では「広い」という意味もある。「頁（あたま）」プラス「石（石のように内容が充実した）」という意味になる。

したがって、景行天皇は、単に形が大きいというだけでなく、「内容が充実している」と受け取ったのであろう。奈良時代には「オホキ（大）」という言葉は、ク活用で使用されていたと言われる。「オオキイ」ではなく「オホキ」なのである。

結論的には「大きな田が広がっている国」というのが「碩田国」の意味だが、さらなる疑問はそれをなぜ「大分」と表記したかという点である。

「分」という漢字は「ブン」「フン」とは読むが、「イタ」とは読まない。

すると、「碩田」は「大きい田」ということで、「碩」が「大」に代わり、「田」が「分」に変わったと考えられる。もともと「分」は「分ける」という意味であって、田も分割して耕すしかないので、「田」が「分」に転訛したのではないかと考えられる。「田」という文字をよく見ると、1つの田を四等分したという意味である。つまり、田は四角形に「分けて」与えられるものである。

そう考えると、「大分」の謎も解けてくる。ただし、かなり苦しい解釈で、このような説をこれまで出した人はいない。

とっておきの地名

①安心院（あじむ）

明治22年（1889）に「安心院村」として成立し、昭和13年（1938）に「安心院町（あじむまち）」となったが、平成17年（2005）には「宇佐市」、宇佐郡「院内町（まち）」と合併して「宇佐市」となり、自治体名としては消滅。古くから宇佐山郷と呼ばれ、集落は安心院盆地と津房（つぶさ）川の流域の間に広がる。司馬遼太郎が「盆地の景色としては日本一」と称したということで、早春のころには靄が立ち込め、墨絵のような美しさを見せるという。

由来には諸説あるが、一般に言われているのは、この盆地には芦が生えていたことから「芦生（あしぶ）の里」と呼ばれていたものが「安心」に転訛し、さらに中世になって荘園の倉（院倉）が置かれたことから「院」がついて「安心院」という地名になったという説である。おそらくこの説が正しいのではと考えられる。この安心院盆地はかつては湖であったと推測され、その時代には湿地帯であり、芦が広く繁茂していたことは想像に難くない。全国的にみても、会津盆地、松本盆地、さらには奈良盆地もかつては湖であったとされており、一連の事例をみると、この説の信憑性は高いと考えられる。古代の海洋を支配した安曇族によるとの説もあるが、その根拠は薄い。

②臼杵（うすき）

これもなかなか読めない難読地名。慶長5年（1600）オランダ船リーフデ号が臼杵市佐志生（さしう）に漂着し、船長ウイリアム・アダムス（後の三浦按針）・航海士ヤン・ヨーステンが家康の外交顧問として活躍したことで有名。「ヤン・ヨーステン」から東京の「八重洲」という地名が生まれたこともよく知られている。

永禄5年（1562）、九州を治めたキリシタン大名大友宗麟が丹生島（にゅうじま）に築いた丹生島城が臼杵城と呼ばれたことによるという。「臼杵」という地名は臼杵市大字稲田にある臼塚古墳にあると言われている。前方後円墳のくびれた部分から出土した二基の石甲が、逆さにすると臼と杵の形をしていることから、「臼杵」という地名が生まれたとされている。現在、この二基の石甲は古墳跡に鎮座する臼杵神社に祀られ、昭和51年（1976）に国の重要文化財に指定されている。

③鉄輪温泉（かんなわおんせん）

いわゆる「別府八湯（べっぷはっとう）」の1つだが、8つの中でも飛びぬけて規模が大きい。鉄輪温泉には8つの地獄があって、順番に観光客を待っている。どういう順番で回ってもよいのだが、一応「海地獄」「鬼石坊主地獄」「山地獄」「かまど地獄」「鬼山地獄」「白池地獄」「血の池地獄」「龍巻地獄」となっている。

「鉄輪」という地名には、こんな伝承がある。

昔、この地に平家の末裔と言われる玄番という人物がいた。この玄番はいつも大きな鉄棒を持ち歩いており、この温泉に毎日のように来ていた。ある日、玄番が湯に入っているとき、近くを通りかかった源為朝がふざけて玄番の鉄棒を土の中に隠してしまった。

湯から上がった玄番は鉄棒のないことに気づき、ようやく捜し出して鉄棒を抜くと、その穴（輪）からお湯が噴き出したので、その泉源から鉄の穴、つまり「鉄輪」という地名になった――。

いかにも、こんな話が生まれそうな温泉である。町のいたるところから湯けむりが立っており、どこからお湯が噴き出しても不思議ではないところである。

真実はどうかというと、『豊後国風土記』によれば、もともと現在の鉄輪温泉の西北にあった「河直山（かなお）」が「鉄輪山」に転訛したことによるという。ただし、「河直山」がなぜ「鉄輪山」になったかは不詳。

④国東（くにさき）

古来「国埼郡（くにざきのこおり）」であり、大分空港がある「国東半島」としても知られる。明治27年（1894）に「国東町（くにさきまち）」が誕生した後、幾多の変遷を経て昭和29年（1954）に新成「国東町」がスタートしたが、平成18年（2006）、「国見町（ちょう）」「武蔵町（まち）」「安岐町（あきまち）」と合併し「国東市」が誕生した。

「国東」の地名の由来は古く、景行天皇の時代にまでさかのぼる。『豊後国風土記』には「国埼（くにざき）の郡」として、以下のように記されている。

「昔、纏向の日代の宮に天の下をお治めになられた天皇の御船が、周防（すほう）の国の佐婆津（さばつ）から出発しご渡海されたが、はるか遠くにこの［豊後］の国をご覧になり、勅して、『あそこに見えるのはもしかすると国の埼ではなかろうか』と仰せられた。それによって国埼の郡という」

この記述によると、天皇は東から船で豊後国に向かったことになり、「国の先端」という意味だったのだが、それが後に「国の東端」という意味での「国東」に転訛したことになる。

⑤姫島（ひめしま）

大分県北東部の国東（くにさき）半島の先にある離島であり、大分県唯一の村「姫島村」である。詩情と伝説の島として知られるが、何といっても「姫島」という麗しい地名の由来について述べなければならない。

『日本書紀』垂仁天皇元年に面白い話が載せられている。長い話だが、およそこんな話である。

垂仁天皇の前の崇神天皇の御代、一人の人物が今の敦賀にやってきた。「どこから来たか」と問うと、「意富加羅国（おほからのくに）の王（こきし）の子で、名は都怒我阿羅斯等（つぬがあらしと）」と言った。その者は崇神天皇が亡くなった後も垂仁天皇に3年仕えたが、国に帰りたいと言うので、帰国させた。

一説によると、阿羅がまだ本国にいた時、牛が急にいなくなってしまった。牛の代わりにもらった白い石は神石で、美しい乙女に化したという。ところが、その乙女は突如姿を消してしまい、「東方に行った」ということで、その乙女を捜しに日本にやって来たともいう。

捜していた乙女は難波に着いて比売語曾社（ひめこそしゃ）の神となり、さらにこの姫島村の比売語曾社の神となった――。

難波にも同じく比売語曾神社が今もあり、また、この姫島に比売語曾神社があることから、この姫を巡る伝承は貴重なものがある。

⑥耶馬溪（やばけい）

中津市にある山国（やまくに）川の流域に広がる大分県を代表する景勝地。火山活動による凝灰岩、溶岩などから成る台地の浸食によってできた奇岩が連なる渓谷である。大正12年（1923）に名勝に指定され、昭和25年（1950）には一帯が耶馬日田英彦山国定公園に指定された。「本耶馬渓」「裏耶馬渓」「深耶馬渓」「奥耶馬渓」など複数の渓谷にまたがり、多くの観光客を呼んでいる。

文政元年（1818）、頼山陽がこの地を訪れた際、この景観に感動し、「耶馬渓天下無」つまり、この渓谷は天下に2つとないとして、「山国川」の「山」を中国風にもじって「耶馬渓」（山の渓谷）と名づけたという。また、それに先立って貝原益軒が当地を旅し、「山国より流出。其源英彦山の東より来る大河なり。河にそいてのぼれば、山国の谷に至る。此谷ふかく村里多きよしと云。又立岩多く景甚よし、険路なりとかや」と記している。（『大分県の地名』）

耶馬渓が全国的に有名なことは、各地に「○○の耶馬渓」と称される渓谷が多く存在することでもわかる。例えば、秋田県の「抱返り渓谷」は「東北の耶馬渓」とも言われている。

⑦湯布院（ゆふいん）

湯布院温泉で余りにも有名な地名。昭和11年（1936）に「湯布院村」が成立し、戦後の昭和23年（1948）に「湯布院町（ゆふいんちょう）」となったが、平成17年（2005）には近隣の2つの町と合併し、「由布市」となり自治体名としては消滅した。いろいろな議論が重ねられたであろうが、多くの人々に愛され親しまれた「湯布院」が陰に隠れたことは残念至極と言わなければなるまい。

もともとこの地は「柚富（ゆふ）の郷」と呼ばれたところ。『豊後国風土記』には「この郷の中に栲（たく）（こうぞ）の樹が沢山生えている。いつも栲の皮を採取して木綿（ゆふ）を作っている。それで柚富の郷という」と記している。つまり「ユフ」というのは木綿のことなのだ。

この柚富の郷にあった峰が「柚富の峰」で、今の「由布岳」であり、そこから「由布」と呼ばれていたが、町になる時、温泉にちなんで「湯布院町」としたのであった。

難読地名の由来

a.「**戸保ノ木**」（大分市）**b.**「**米良**」（大分市）**c.**「**闇無**」（中津市）**d.**「**夜明**」（日田市）**e.**「**風成**」（臼杵市）**f.**「**一尺八寸山**」（日田市）**g.**「**会所山**」（日

田市）**h.**「**千怒**」（津久見市）**i.**「**会会**」（竹田市）**j.**「**玖珠**」（玖珠郡玖珠町）

【正解】

a.「へぼのき」（「ヘボガヤ」は「イヌガヤ」のことで、イヌガヤ科の常緑低木を意味する）**b.**「めら」（「メ」（芽）・「ラ」（接尾語）で、草木の芽を採集したことによるか）**c.**「くらなし」（闇無浜神社の由緒によれば、月の影が映らない一本の松の木があったが、波に乗った龍神が現れ、ここに宮を作って祀るべしと言ったということから「闇無」という地名も生まれたという）**d.**「よあけ」（焼畑開墾地であることから、初めは「夜焼」とつけられたが、「夜明」に転訛したという）**e.**「かざなし」（風が吹き抜ける様を意味すると思われる）**f.**「みおうやま」（３頭の猪の尾をつなげたところ一尺八寸（約58センチメートル）あったとも、３匹の蛇の尾の長さを足すと一尺八寸あったことから命名されたともいう。「みお」は「三尾」のことだとされる）**g.**「よそやま」（山頂にある「会所山神社」に由来する。朝廷から国造に任ぜられた鳥羽宿禰がここに庁を設けて居住したので、「会所宮」と呼ばれたという。本来「他所」「余所」が正しいのだが、いつの間にか「会所」に転訛したものと考えられる）**h.**「ちぬ」（「茅渟」とはクロダイのことで、クロダイが獲れたことに由来すると考えられる）**i.**「あいあい」（古代より紫草の栽培で知られ、紫八幡社もある。「あい」は藍のことで、紫の意味だと考えられる）**j.**「くす」（楠の木が自生していたことによる）

ガレリア竹町（大分市）

大分県の商店街の概観

大分県をさす「豊の国」は、律令制が整う前から存在した地名で、古い歴史を物語る。また、国東半島は「六郷満山（ろくごうまんざん）」と呼ばれる神仏習合の独特な文化を誇る。中世から戦国期にかけて大友氏が勢力を張り、一時は九州北部の大半を版図に治めた。大友氏亡き後の幕藩体制下では、奥平氏の中津藩10万石が最大という小藩分立状態にあり、これに天領の日田が位置していた。

明治維新後、廃藩置県によっていくつかの県が成立したが、やがて大分県に統合された。大分市は交通の要所として発展し、県都としてふさわしい都市となった。一方、別府市は戦災を受けなかったため、1950年には「別府国際観光温泉文化都市建設法」が施行され、わが国の戦後復興に寄与することになった。

県下には、小規模ながら数多くの藩が成立したため、城下町の風情を今に伝える都市が多い。中津市、竹田市、杵築市、臼杵市がこれに該当する。なかでも杵築市の武家屋敷の一画にある酢屋の坂は、映画やテレビのロケ地として使われている。これらの都市には、古い歴史を持つ商店街が存在する。また、天領として栄えた日田市には、江戸時代の商家が立ち並ぶ豆田町がある。

古い歴史を持つ商店街のなかには、地域資源を活かして再出発を図ったところもある。臼杵市の中心商店街はその代表例であり、杵築市も武家屋敷にはさまれた商人町を整備している。

その一方、別府市や豊後高田市は「昭和レトロ」として人気を博し、地元商店街もこの環境を活かした取組みがなされている。豊後高田市は都市再開発から取り残された街区を、商店街が一体となって1960年頃を再現した「昭和の町」として売り込み、最盛期には年間40万人を超える観光客

【注】この項目の内容は出典刊行時（2019年）のものです

を呼び寄せた。別府市中心部は戦災を受けなかったため、戦前から続くレトロ感漂う路地が点在し、「路地裏」として人気の散策ルートとなっている。

大分県は近年高速道路が整備され、福岡市との時間距離が飛躍的に短縮された。このため、福岡県に接する日田市は福岡市の商圏に組み込まれ、市内の大型スーパーマーケットが撤退するなどの影響を受けている。反面、大分市は東九州自動車道が開通したことで宮崎県北部を商圏に組み入れることに成功し、インターチェンジ周辺のショッピングモールのみならず、JR 大分駅ビルを核とした中心商店街は賑わいを取り戻し始めている。

わが国最大規模の温泉観光都市別府市は、近年各宿泊施設が売店や飲食施設の整備を進めたため、宿泊客は施設に滞在するようになった。そのため、商店街に繰り出す観光客は大幅に減少した。同じ温泉地として人気の高い由布院温泉は、湯坪通りに若者や外国人観光客が押し寄せているが、ここに立ち寄る人々の大半は温泉に入らずに立ち去る。両温泉地はともに大分県の観光産業を支える存在であり、今後は宿泊客を町に繰り出させる方策が必要となろう。

このように大分県の商店街の多くでは、「歴史的町並み」「昭和レトロ」といった歴史的環境を活かした取組みが進められており、今後が楽しみである。加えて県都大分市は駅ビル効果が顕在化しており、ほかの参考事例となろう。

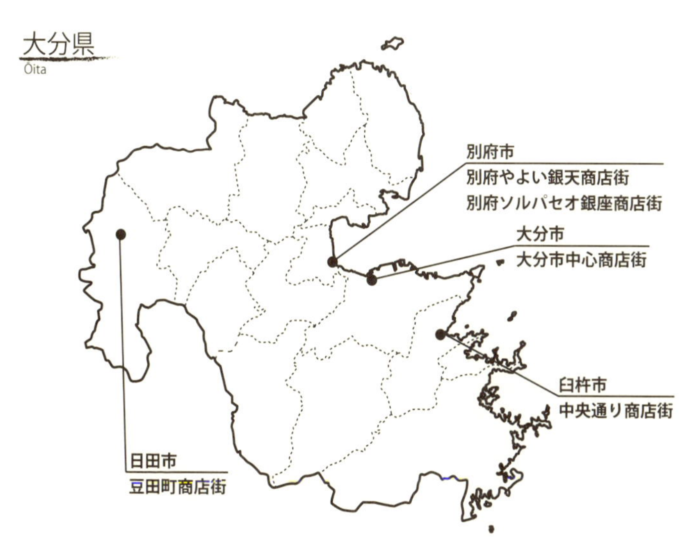

行ってみたい商店街

大分市中心商店街（大分市）

―大型店舗の集客力を活用し客足を確保している商店街―

大分市は人口48万人を有する県都である。明治以降、交通の要所として発展し、JR日豊本線、豊肥線、久大線の結節点となっている。1964年に「新産業都市」の指定を受けると、九州を代表する工業都市へと急成長を遂げた。工業の発展とともに人口も増加し、郊外に住宅地が次々と造成され、郊外型大型ショッピングモールも開業し、中心市街地の各商店街は大きな影響を受けた。

中心市街地の商店街は、JR大分駅ビルと地元資本の百貨店が核となっている。商業施設を有する駅ビル開業（2015年）に対して、当初は周辺商店街への影響を懸念する声が強かった。しかし、駅ビルの集客力が予想をはるかに超え、多くの買い物客が周辺の商店街まで足を運んでいる。この駅ビル効果の要因として、東九州自動車道の開通による商圏の拡大、そして福岡市に向かっていた若者が地元に戻りつつあることが挙げられる。

JR大分駅周辺には11の商店街があり「大分都心まちづくり委員会」を発足させ、活性化を図っている。この委員会には駅ビルも加入しており、ビル内の飲食店の比率を下げるなどして地元商店街との共存を図っている。特に駅から近いセントポルタ中央町商店街は、飲食店の比率が49％へと上昇した。さらに、両者は提携して「THEまちなかバーゲン」を開催している。

一方、中心市街地商店街に位置していた「パルコ大分」は2011年に閉店し、その跡地は、2019年9月のラグビーワールドカップ開幕に合わせて「祝祭広場」として生まれ変わる。隣接していた「大分フォーラス」も2017年に閉店、2019年に「大分OPA（オーパ）」として再出発した。

セントポルタ中央町商店街からガレリア竹町はアーケードでつながっており、飲食店とともに買回り品を扱う老舗店舗も多く、大型店舗との補完関係を構築していけばこの特性を活かせるのではないか。

駅ビルとの連携によって客足を確保している中心商店街は、全国で苦悩する商店街のモデルと言え、今後の動向も注目されよう。

別府やよい銀天商店街、別府ソルパセオ銀座商店街（別府市）

—大温泉観光地にありながらレトロな雰囲気を醸し出す商店街—

日本一の温泉湧出量を誇る「泉都」別府市は、人口11万人であるが、年間800万人を超える観光客を迎える大温泉観光都市である。列車で別府駅に近づくと、山側にはあちらこちらから湯けむりが立ち上るのが目に入る。市内には8カ所の温泉地が点在し、「別府八湯」を形成している。別府八湯の由来は古く、8世紀中頃に編纂された『豊後風土記』にその記述が認められる。

JR別府駅を降りて海側の出口（東口）を出ると、まっすぐに駅前通りが海に向かって伸びている。この通りを行くと、直交する形で2本のアーケード街がある。駅から手前が「別府やよい銀天商店街」、そして「別府銀座ソルパセオ商店街」である。1970年代中頃までは、両商店街には土産物店が並び、観光客があふれ返っていた。この頃、修学旅行生だけで年間200万人を数えたという。今日ではその面影はまったく見られないが、当時から営業している土産物店が数店舗、現在でも営業を続けている。

別府の近代観光は1873年の関西航路の就航に始まる。明治から昭和初期にかけては、現在の「ゆめタウン」に位置していた旧別府港界隈に観光客が集まったと言われている。ここには、現存する最古の木造アーケード「竹瓦小路アーケード」がある。

竹瓦小路の木造アーケード

別府やよい銀天商店街では、現在、土産物店は4店舗を数えるに過ぎないが、衣料品店、呉服店、食肉店、美容院などの最寄品を扱う店舗も点在する。1973年、商店街の火災厄除けと温泉感謝、別府繁栄の願いを込めて「やよい天狗」が設置された。毎年4月初旬に市を挙げて開催する温泉まつりでは、「天狗みこし」が繰り出される。別府銀座ソルパセオ商店街は、1955年にアーケードを設置し、高度経済成長期は観光客で賑わったが、各宿泊施設で土産物購入や飲食が可能になってから機能が低下してきた。今日では、やよい銀天商店街と比べると飲食店が半数近くを占め、歓楽的要素が強い。

いずれにせよ、両商店街ともにもはや高度経済成長期の賑わいを取り戻すことは夢物語であろう。その一方、今日では「昭和レトロ」「昭和調」というキーワードでマスコミに取り上げられ、散策する観光客の姿も多い。周辺には「竹瓦温泉」「駅前高等温泉」などのレトロな建造物と「路地裏」が点在するので、これらを結ぶ散策コースを売り込めば時流に乗った観光地となろう。年間800万人が訪れる日本を代表する大温泉観光地という利点を活かさない手はない。今後の展開に期待したい商店街である。

豆田町商店街（日田市）

—天領を支えた江戸時代からの商家が並ぶ商店街—

日田市は人口6.7万人、大分県の西部に位置する都市である。九州の中心に位置するという地理的条件から、江戸時代には西国郡代が置かれ、九州各地の天領を管理下に治め、その経済規模は幕末には16万石に及んだ。これを背景に商人たちは財をなし、「日田金」と呼ばれた。こうした商家から広瀬淡窓が輩出され、淡窓は私塾咸宜園を開き、閉校するまでの80年間で延べ4,800人もの門人を輩出した。

この日田市の中心に位置する豆田町は繁栄を極め、商家が軒を連ねた。明治期に大火に見舞われながらも、多くの建造物が現存し、2004年には「重要伝統的建造物群保存地区」に選定された。豆田町エリアには豆田みゆき通りと上町通りの2つの商店街があり、ともにこの歴史的環境を活用した取組みが行われている。なかでも、1984年に始まった「日田天領おひなまつり」は、今日全国各地で開催されている「ひな祭り」の先駆けとして知られている。これは草野本家が所蔵する江戸時代初期由来の雛人形を公開したことに由来する。7月中旬には、300年以上の歴史を持ち2016年にユネスコ無形文化遺産に選定された「日田祇園祭」が行われる。

両商店街ともに半数が観光客向けの店舗で占められるが、重伝建地区という歴史性から資料館・展示施設や造り酒屋の「薫長酒造」がある。一方、文具店、金物店、時計店、薬店といった日用品を扱う店舗もあり、地元住民の商店街としても機能している。

2017年7月の九州北部豪雨で、豆田町全域がほぼ水に浸かる甚大な被害を受けた。伝統の祇園祭も自粛ムードが漂ったが、「祇園祭は疫病や風水害を払い安泰を祈る神事、このような時だからこそやろう」との合言葉でわずか2週間しか経ていないにも関わらず執り行われた。これを契機に復興も大きく動き出した。

中央通り商店街（臼杵市）

―アーケードを撤去し歴史的町並みを活かして再生した商店街―

臼杵市は大分県南部に位置する人口3.8万人の都市で、国宝の臼杵石仏を有する。石仏は平安末期から室町初期の作とされるが、作者はいまだ不明である。臼杵市の発展は、大友宗麟が1562年に築城し城下町を整備したところから始まる。キリシタンであった宗麟のもと、明国やポルトガル人も往来する国際的都市として栄えた。江戸時代は稲葉氏が入封し、明治維新を迎えるまでの270年間この地を治めた。

臼杵市は、水深が深く穏やかなリアス式海岸に面しているため、海運業が発達し、物資の集積地としても栄えた。これを背景に、幕末には醸造業が成立し、今日では九州最大の生産量を誇る醤油メーカー「フンドーキン」が拠点を置く。また、造船業も盛んで、現在およそ30の造船業者が操業する。地元大手造船所では「進水式情報」を出して、見学者を受け入れている。

臼杵城下には「二王座地区」と呼ばれる歴史的町並みを有する街区が残り、観光客で賑わう。ここに隣接して中央通り商店街がある。元来、日用品を扱う地元型の商店街として発展し、1950年の市制施行当時は市の目抜き通りと位置づけられ、賑わいを見せた。1953年には本町商店街と畳屋町商店街が一体となり、中央通り商店街と称されるようになった。

1978年にはアーケードが設置されたが、その後、商業機能の衰退が顕在化した。しかし、活性化の方策を巡り地元の意見はまとまらなかった。こうしたなか、アーケードの老朽化が進み、危険な状態であることが判明した。以降、アーケードの撤去も含めた活性化について議論が進み、歴史的町並みを活かした商店街づくりの方向性が固まった。2003年アーケードは撤去され、同時に電柱の地中化も進めた。その結果、今では歴史的な街並みを楽しむ観光客で賑わう。商店街は地元型の機能を残しつつ、観光客対応も進み、良好な景観・雰囲気のもとで買い物や散策が楽しめる空間となった。

花風景

坊ガツルのノコンギク

地域の特色

北は瀬戸内海、東は豊後水道に面し、北部・中部は別府から九重山地にかけて火山帯に属し、鶴見岳、由布岳、久住山、大船山などの多くの火山を擁する。南部は九州山地で、全体に平野に乏しいが、東の大分平野と北の中津平野があり、それぞれ豊後と豊前の国に属した。近世以降、豊臣・徳川政権は大友氏のような大勢力出現を恐れて、中津、日出、臼杵、竹田、森など8藩の小藩や日田の天領などに分立させた。その結果、文化面、産業面で各地に個性をもたらした。太平洋側の暖温帯の気候である。

花風景は、近世の城郭跡や現代の道路沿線のサクラ名所、現代の生産用の栽培された梅林などがあるが、特に久住高原の広大な園芸植物の花公園、九重山地のミヤマキリシマ群落や湿原植物が特徴的である。

県花はバラ科サクラ属のブンゴウメ（豊後梅）である。古い国名にちなんでいる。一説にはウメとアンズの雑種だと推測されている。ウメは古代中国から九州にもたらせられ、豊後梅や肥後梅と呼んで、全国に広まった。観賞用の花ウメと食用の実ウメがある。ブンゴウメは白花の白梅が主だといわれる。

主な花風景

岡城跡のサクラ　＊春、史跡、日本さくら名所100選

瀧廉太郎の名曲『荒城の月』で知られている竹田市の岡城跡にはソメイヨシノを中心にヤマザクラ、ボタンザクラなどが咲き誇る。岡城跡の急勾配の道を上ると、石垣に囲まれた平らな城跡に出て、阿蘇山などの遠方の山並みを眺められる。石垣はほぼ垂直に近く、美しい曲線を描いている。サクラは、城郭や河岸などに映えるが、『荒城の月』の哀愁に満ちた旋律や「むかしの光いまいずこ」の歌詞の一節のせいもあるのか、どこか寂寥

凡例　＊：観賞最適季節、国立・国定公園、国指定の史跡・名勝・天然記念物、日本遺産、世界遺産・ラムサール条約登録湿地、日本さくら名所100選などを示した

とした感のあるこの城跡によく映えている。この城跡は時の流れや無常を強く感じさせる。瀧廉太郎は少年時代にこの荒廃した岡城跡に上ってよく遊び、そのイメージが1900（明治34）年の『荒城の月』の作曲に投影されていると伝えられている。作詞は著名な詩人であり英文学者の土井晩翠（作詞当時の姓は「つちい」、後に改称）である。岡城二の丸跡には瀧廉太郎の銅像がある。岡城は南北朝時代以来の中世山城としての起源を持つが、現存する城跡は、1594（文禄3）年に播磨国三木城（現兵庫県）から移った岡藩初代藩主中川秀成により約3年間を費やして拡張整備された。稲葉川と大野川に三方を囲まれた丘陵地の尾根筋にある天然の要害であり、難攻不落の城といわれた。1871（明治4）年の廃藩置県によって、廃城になり、建造物は取り壊され、石垣のみが往時を偲ばせることとなった。「日本さくら名所100選」では「岡城公園」として選ばれている。

御嶽山のサクラ　＊

県南部豊後大野市清川町の御嶽山（568メートル）には南北に林道が走り、約4キロにわたって約3,000本のソメイヨシノ、ヤエザクラなどが咲き誇り、「桜ロード」とも呼ばれている。山頂からは九重山地や阿蘇山を望むことができ、時に遥か遠くの由布岳も見渡せることができる。近年では、このサクラも樹齢50年を過ぎた老木になり、樹勢の衰えが目立つものも出てきている。そこで、清川町では2016（平成28）年から「御嶽山桜ロード再生事業」をスタートさせ、さまざまな団体がボランティアで若木の補植を行い始めている。当面は1,000本植えることを目標にしている。

この御岳山は古くからの信仰の山であり、山頂には御嶽神社が鎮座し、その背後には仙の嶽と呼ばれる巨石がそそり立っている。おそらく古くは神が御降臨する磐座であったろう。ここには国の重要無形文化財に指定されている御嶽流神楽が残っており、サクラの季節にはこの神楽も披露される。なお、御岳山自然公園のサクラと紹介されている場合もあるが、この自然公園は自然公園法に基づくものではなく、この地域を整備してきた豊後大野市と合併する前の旧清川村が名付けたものであろう。

大山町梅園のウメ　＊冬・春

県北西部の日田市は山地にある典型的な盆地であるが、このうち大山町ではウメ栽培が広がり、果実栽培や梅園観賞の梅林が広がっている。約6,000本のウメが咲き誇るおおくぼ台梅林公園は代表的な梅園で、大山梅まつりが開かれ、白梅や紅梅を間近に観賞できる。日田市は古来盛んであった日田杉や漆器の生産が低迷してきたことから、1960年代から梅、栗、キノコなど山間地作物への転換を進め、その後、町内に共同の梅酒工場や農協の直営店もあるように、生産、加工、販売全てを行う6次産業化に力を入れてきた。

くじゅう花公園(はなこうえん)のチューリップとコスモス

＊春・夏・秋、阿蘇くじゅう国立公園

竹田市久住町(くじゅうまち)の標高850メートルの久住高原に広がる22ヘクタールの花公園には春から秋にかけて約500種約500万本の園芸植物の花が絢爛(けんらん)に咲き乱れる。春には珍種を含むチューリップ、丘を覆うシバザクラ、寒さにも強いパンジー、青色のネモフィラ、元気をくれるポピー、キラキラ輝くリビングストンデージー、夏には鮮やかなケイトウ、香りの女王ラベンダー、季節感あふれるヒマワリ、秋には鮮烈なコントラストをつくるサルビア、一面に広がる約100万本の圧巻のコスモスなど、あふれる色彩の花の絨毯(じゅうたん)で飾られる。バラのローズガーデンには春から秋にかけて美しい花が咲き続けている。夏に咲くカサブランカは、1970（昭和45）年頃にオランダで誕生し、白く大きくて気品があることから世界に普及したユリの品種である。

花公園は九重(くじゅう)山地の南側の高原で、久住山（1,785メートル）を見上げながら、南方の熊本県に広がる阿蘇山の雄大な風景も望める大自然の地である。久住高原は素晴らしい自然資源を持ちながら、大都市からのアクセスや国立公園の制約などの難点から観光開発が遅れていた。1980年代のバブル時代には宿泊施設を中心としたリゾート開発も検討されたが、実現しなかった。そこで、地元の民間会社が1993（平成5）年にようやく誕生させたのが、くじゅう花公園であった。登山ではなく、あらゆる年齢層が大自然とふれあいながら、非日常的な花の別世界も楽しめるものである。レストランやさまざまなショップなどがある「花の村」もある。さらに、ハーブなど五感で楽しめるイングリッシュ風ガーデンなどの新たな魅力も生み出していった。体験型のレクリエーションも楽しめる。

この結果、2005（平成17）年には社団法人日本観光協会（現公益社団法人日本観光振興協会）主催、国土交通省後援の「花の観光地づくり大賞」を受賞した。この賞は1999（昭和11）年に創設されたもので、花による地域振興が各地で行われ、フラワーツーリズムが盛んになってきたことを物語っている。

九重山地（くじゅうさんち）のミヤマキリシマ

＊春、阿蘇くじゅう国立公園、天然記念物

ミヤマキリシマは、ツツジの一種で、春に山が緑で覆われる頃、樹高1メートルくらいの樹冠に一斉に桃色、紫色、赤紫色の花をつけて群生（ぐんせい）する。九州の火山地帯の高地に自生する花風景であり、九重山地のミヤマキリシマの大群落も圧巻である。九重山地は九州本土最高峰の中岳（なかだけ）（1,791メートル）をはじめとして、久住山（くじゅうさん）、稲星山（いなぼしやま）、星生山（ほししょうざん）、三俣山（みまたやま）の溶岩円頂丘（ようがんえんちょうきゅう）や、大船山（だいせんざん）、平治岳（ひいじだけ）の成層火山など1,700メートル級の火山が連なっている。付近一帯にはミヤマキリシマが群生し、見事に咲き誇る。九重山地の西麓に、阿蘇山から瀬ノ本（せのもと）高原を越えて湯布院（ゆふいん）・別府（べっぷ）へ抜けるやまなみハイウェイ（大分県道11号線）が走り、この道路沿いからもミヤマキリシマを見ることができることから、シーズンには混み合う。九重山地は、利用拠点の長者原（ちょうじゃばる）などから比較的容易に登れることから、また、山麓には筋湯（すじゆ）温泉や坊（ぼう）ガツル湿原などの魅力も多いことから、登山者は多い。九重山地の北側に火砕流台地（かさいりゅうだいち）の飯田（はんだ）高原、南側に久住（くじゅう）高原があり、広大な草原景観は壮観で、阿蘇山の遠景も雄大である。

九重山地のミヤマキリシマの大群落はこの山地を象徴する花風景であった。しかし、近年、自然の植生遷移であろうが、ノリウツギなどの低木が繁茂（はんも）し、ミヤマキリシマ群落の衰えが目立つようになってきている。そこで、環境省ではミヤマキリシマを衰退から守るため、関係団体の連携の下、九重山地の各地で保全のためのノリウツギ除伐（じょばつ）活動を実施している。

阿蘇国立公園は1934（昭和９）年の誕生で主に熊本県の阿蘇山と大分県の九重山地からなっていた。戦後、大分県の由布岳ややまなみハイウェイ沿いを追加する。86（同61）年、大分県に配慮して、阿蘇くじゅう国立公園の名に改称する。「くじゅう」としたのは、九重山地の他、久住山・久住高原の名称があり、何よりも当時、九重山地は九重町（ここのえまち）と久住町（くじゅうまち）（現竹田市）の二つの町名に分かれていたので、「九重」にも「久住」にもできず「苦汁（くじゅう）」の選択であった。

坊ガツル・タデ原の湿原植物

＊春・夏、阿蘇くじゅう国立公園、ラムサール条約登録湿地

やまなみハイウェイが通る九重山地の利用拠点長者原に隣接して標高約1,000メートルのタデ原湿原があり、少し山奥に標高約1,200メートルの坊ガツル湿原がある。山岳地域の国内最大級の中間湿原で、色とりどりの可憐な花が咲き乱れる湿原植物の宝庫である。2005（平成17）年にラムサール条約の湿地に登録された。共に火山群の湧水地に誕生した湿原で、坊ガツル湿原は三俣山、大船山、平治岳の火山群に囲まれた盆地にできた湿原であり、タデ原湿原は三俣山の火山地形の扇状地にできた湿原である。黄色い花のキスミレ、ミツバツチグリ、サワオグルマ、ユウスゲ、桃色や紫色の花のイワカガミ、ノアザミ、ノハナショウブ、サワギキョウ、ヤマラッキョウ、マツムシソウなど多彩である。紫色の花のツクシフウロ、白い花のシムラニンジン、黄色い花のコウライトモエソウ、クサレダマなどは絶滅危惧種であり、貴重な湿原植物も多い。山岳にはミヤマキリシマが群生する。中間湿原とは、主に低地に位置する低層湿原、主に高地に位置する高層湿原の中間を占める湿原であり、高地に行くほど水中に堆積した泥炭層が厚く、地下水の影響が少なくなって、富栄養から貧栄養へ向かう。

近年、外来植物のヒメジョオン、セイヨウタンポポ、アメリカセンダングサなどの侵入がみられることから、環境省、竹田市、九州電力グループの社員やその家族などが、これらを根から抜き取る作業を行っている。近くには1977（昭和52）年に稼働した九州電力のわが国最大出力を誇る八丁原地熱発電所がある。

タデ原には木道（ボードトレイル）が整備され、『坊がつる讃歌』で有名な坊ガツルには法華院温泉やキャンプ場もある。山男の歌『坊がつる讃歌』は1978（昭和53）年のNHK『みんなのうた』を通じて国民に普及したが、九重山地の四季を讃美する歌である。

坊ガツルやタデ原は変わった地名である。「坊」は当地の山岳信仰の法華院を指し、「ツル」は水流のある平坦地で湿原を指している。長者原は古代この飯田高原の地で栄え、栄枯盛衰の伝説を持つ「朝日長者」にちなみ、タデ原はその長者が好んで食べたタデの一種ヤナギタデの植物が繁茂していたことに由来していると伝えられている。

公園／庭園

国立公園九重山地

地域の特色

大分県は九州の北東部に位置し、北は瀬戸内海の周防灘、東は豊後水道に面し、歴史的に瀬戸内海地方との関係が深い。北部・中部は別府から九重山地にかけて白山火山帯に属し、国東半島、高崎山、鶴見岳、由布岳と火山が並び、さらに九重山地の久住山、大船山などの多くの火山を擁する。別府、由布院など温泉地も多い。山々の間の平地も火山性の台地で、断層や河川の浸食によって、日田、玖珠、安心院などの盆地や耶馬溪、院内などの渓谷をつくり、各地に特色を生みだしている。南部は九州山地で、宮崎県との県境をなしている。

山地が多く、平野に乏しいが、古くから東の大分平野の府内（現大分市）が筑肥（現福岡県・熊本県）から瀬戸内海にぬける交通の要衝となり、北の中津平野の中津は福岡に接して北九州とのつながりが強い。府内はかつての豊後の国に、中津は豊前の国に属した。別府温泉は、明治時代に別府港が建設され、大正時代になって大阪商船が瀬戸内海観光航路を売りだして一大温泉都市となった。1927（昭和2）年の東京日日新聞などの「日本八景」では温泉の部で第1位になった。別府周辺の鉄輪、明礬などの温泉を含めて別府八湯という。中津の宇佐神宮は全国の八幡宮の総本社で今も参拝客で賑わっている。国東半島は独特の山岳宗教文化が栄えた所で、かつて六郷満山と呼ばれたように六つの郷に寺院が満ちていた。2013（平成25）年、国東半島が世界農業遺産「クヌギ林とため池がつなぐ国東半島・宇佐の農林水産循環」となった。中世には守護大名の大友氏が海外貿易や文化振興によって府内に繁栄をもたらしたが、近世以降、中津、日出、臼杵、竹田などの8藩の小藩や日田の天領などに分立させられ、各地に個性をもたらした。1980年代に始まった一村一品運動もこの風土を反映している。

豊かな自然を背景に火山、山岳、海岸などの国立・国定公園が多く、歴史を反映した都市公園・庭園などがある。

凡例　自 自然公園、都 都市公園・国民公園、庭 庭園

主な公園・庭園

自 耶馬日田英彦山国定公園耶馬溪 ＊史跡、名勝、天然記念物

耶馬溪は江戸後期に一躍有名になった山国川の渓谷である。その後、本流・支流の広い地域を指すようになり、集塊岩の奇峰が連なる本耶馬渓、凝灰岩の柱状節理の岩壁を見せる裏耶馬渓、一目八景と呼ばれる深耶馬渓などがある。本耶馬渓には文豪菊池寛が『恩讐の彼方に』で小説にした羅漢寺禅海和尚が一人で掘りぬいた「青の洞門」の隧道がある。耶馬渓は、漢詩文の泰斗頼山陽が1818（文政元）年に豊前山国川を「耶馬渓」と命名し、『耶馬渓図巻記』で「耶馬渓山天下無」と絶賛したことによって、全国に知れわたり、以後、各地に何々耶馬渓と称する見立ての風景が見いだされることとなる。「耶馬」は山国川の「やま」の語呂合わせで中国風の雅馴を尊んだ漢式命名法によるものである。耶馬渓とともに日本三大奇勝と称される妙義山、寒霞渓も奇峰の風景で、やはり漢学者が命名したものである。

耶馬渓はわが国の最初の国立公園の選定における有識者らの特別委員会において、阿蘇国立公園に編入するか否か、大論争を巻き起こす。東京帝国大学元教授の林学博士本多静六委員が耶馬渓・英彦山を阿蘇に編入することを提案し、東京帝国大学元教授の理学博士脇水鉄五郎委員が阿蘇は「日本趣味ノ風景」に乏しいので、山陽が讃えた「日本趣味ノ風景」の耶馬渓を編入すべきだと強く主張する。これに対して、内務省嘱託で林学博士の田村剛は真っ向から反論し、「趣味ト云フモノハ時代ト共ニ変ルノデス。現代ノ若イ人々ノ求メル趣味トハカケ離レテヰル」と主張する。これは風景観が時代とともに変わるという本質を述べている。激論の末、耶馬渓は国立公園指定を逃した。しかし、この議論は後の耶馬日田英彦山国定公園というわが国最初の国定公園誕生に結びついていく。

自 阿蘇くじゅう国立公園九重山地 ＊ラムサール条約湿地、天然記念物、日本百名山

九重山地は九州本土最高峰の中岳（1,791 m）をはじめとして、久住山、稲星山、星生山、三俣山の溶岩円頂丘や、大船山、平治岳の成層火山などの1,700 m 級の山が連なっている。付近一帯にはミヤマキリシマが群生し、見事に咲きほこる。黒岳は鬱蒼とした自然林に覆われ、イヌワシ生息の南

限になっている。九重山地の北側に火砕流台地の飯田高原、南側に久住高原があり、広々とした草原となっている。肥後（現熊本県）の赤牛、豊後（現大分県）の黒牛といわれ、茶色系と黒色系の牛が草原に風情を添えていたが、今はその風景も少なくなった。九重山地の中心部には山に囲まれた盆地があり、坊ガツルの草原と湿地がある。阿蘇山から瀬ノ本高原を越えて湯布院・別府へ抜けるやまなみハイウェイが走り、長者原の利用拠点やタデ原の湿地などがある。付近には温泉地が多く、また、湧水にも恵まれている。長者原の西、涌蓋山の山麓には筋湯温泉があり、その近くには1977（昭和52）年に稼働したわが国最大出力の地熱発電の八丁原発電所がある。阿蘇国立公園は34（昭和9）年の誕生で主に熊本県の阿蘇山と大分県の九重山地からなっていた。戦後、大分県の由布岳ややまなみハイウェイ沿いを追加する。86（昭和61）年、大分県に配慮して、阿蘇くじゅう国立公園の名に改称する。「くじゅう」としたのは、九重山地のほか、久住山・久住高原の名称があり、何よりも当時、九重山地は九重町と久住町（現竹田市）の二つの町名に分かれていたからである。

都 別府公園　＊日本の歴史公園100選

別府公園は別府市の市街地南部に位置する。1907（明治40）年に皇太子（後の大正天皇）が立ち寄る際の休息所を建設するために1万数千坪の民有林を購入し公園として整備した。新築した休息所はその後温泉神社の社殿となったが現在はない。公園に残るマツは06（明治39）年に梨本宮守正親王が公園周辺に35,000本もの苗を記念植樹した名残とされている。大正時代には公園に大分県物産陳列場や日露戦争の功績を讃える旅順口閉塞船報国丸のマスト、東郷平八郎の揮毫による忠魂碑が設置された。公園開設当時の絵葉書を見ると、ゆったりとした水の流れと松林があり噴水からは勢いよく水が飛び出している。昭和の初めには中外産業博覧会や国際温泉観光大博覧会の会場として使われたこともあった。第二次世界大戦後は米軍や自衛隊が利用していたが52（昭和27）年に移駐し、昭和天皇在位50年記念公園として整備が進められた。92（平成4）年には隣接地を公園にとり込んで会議場やコンサートホールを備えたビーコンプラザがオープンした。建築家磯崎新の設計によるもので、高さ125mのグローバルタワーから周囲を一望することができる。

都 臼杵石仏公園　＊特別史跡

臼杵市ののどかな田園に国宝の磨崖仏がある。主に平安時代につくられ、一部は鎌倉時代に追加されたと考えられている。磨崖仏がある場所は1934（昭和9）年に史跡に、52（昭和27）年に特別史跡に指定された。「臼杵磨崖仏」として国宝に指定されているのは2017（平成29）年に追加された金剛力士立像2体を入れて合計61体である。古園石仏、ホキ石仏第二群、ホキ石仏第一群、山王山石仏の四つの石仏群がある。1993（平成5）年まで15年かけて大規模な修理が実施され覆屋が建設された。修理前には下に置かれていた古園石仏大日如来像の仏頭の復位をめぐって議論があったが、もとの姿に戻された。石仏が彫られているのは約9万年前の阿蘇山の噴火による火砕流でできた地層で、水分を多く含み柔らかいためにコケなどが着生しやすく定期的なクリーニング作業が行われている。磨崖仏の前の湿田は石仏公園として整備された。四季折々の花を楽しむことができるが、なかでもハスの花が有名で毎年夏には蓮まつりが開催されている。

庭 旧久留島氏庭園　＊名勝

旧久留島氏庭園は、玖珠郡玖珠町森に位置している。来島康親は1601（慶長6）年に、玖珠、日田、速見郡で1万4,000石の知行を認められた。だが、石高が低く城をもてなかったために、角埋山（標高576m）の南東側麓に陣屋を造営して、表御殿や奥御殿、大会所などを建てている。また、上方の高台には、旧領伊予国の大三島神社の分霊を祀った末広神社を建立している。

8代藩主通嘉は1813（文化10）年から末広神社の整備を始めて、御殿西側に園池を掘り、背後の斜面に多くの石組を立てている。見ごたえのある石組で、江戸後期にも優れた庭園がつくられていたことがわかる。32（天保3）年には末広神社の南東に茶室栖鳳楼を建てて、枯山水石組と大きな飛石を配置し、裏の清水御門の前にも堀の一部に園池を設けて、茶屋から眺められるようにしている。

地域の特性

大分県は、九州の中東部に位置し、東は別府湾に面する国東半島、南西は九州山地の山岳地域であり、南は大分、臼杵、佐伯などの都市が続いている。各所で有力な温泉が湧いていて、その資源価値ははかり知れないほどである。北東部の国東半島や南東部の臼杵などは仏の里でもあり、前者は本堂が国宝の富貴寺や磨崖仏、後者も国宝の臼杵の石仏など貴重な文化財が守られている。内陸の由布院や九重高原では豊富な温泉資源が分布している。一方、大分市では臨海コンビナートが形成されているが、大分駅前一帯の多くのビジネスホテルは温泉浴場を設置しているほどである。

◆旧国名：豊前、豊後　県花：ブンゴウメ　県鳥：メジロ

温泉地の特色

県内には温泉地数は全国的には特に多くはないが宿泊施設のある温泉地が62カ所あり、源泉総数4,473カ所のうち42℃以上の高温泉が多くて85％を占めるほどである。温泉湧出量は毎分28万ℓで全国１位である。年間延べ宿泊客数は約500万人を数え、都道府県別では７位である。豊富な温泉資源を背景に、国民保養温泉地に指定されている別府温泉郷の鉄輪・明礬・柴石、湯布院（由布院・湯平）、長湯の３温泉地区では、123万人の年間延べ宿泊客数を数えて全国トップの地位にあり、２位の長野県の95万人を引き離している。

主な温泉地

①別府温泉郷（別府・浜脇・観海寺・堀田・明礬・鉄輪・柴石・亀川）

258万人、３位

国民保養温泉地

単純温泉、炭酸水素塩泉、塩化物泉、硫酸塩泉、含鉄泉、硫黄泉、酸性泉

県中東部、別府市の市街地を中心に広がる別府温泉郷は、別府、浜脇、観海寺、堀田、明礬、鉄輪、柴石、亀川の別府八湯で構成されている。このうち、鉄輪、明礬、柴石の３温泉地は環境省の国民保養温泉地に指定された。温泉湧出量は毎分10万2,000ℓに及び、日本最大を誇る。市街地の西に鶴見岳が聳え、有史以来数度の噴火を経て東の別府湾に向けて火山性扇状地が形成された。その緩傾斜地上に別府の市街地が広がっている。源泉数が全国第１位で約2,600（全国の約９％）もあり、泉質は放射能泉と二酸化炭素泉を除くすべてが存在し、多様な温泉を楽しめるとともに、各種の疾病にも対応している。42℃以上の高温泉率は75％で、共同浴場やホテル、旅館の大浴場などで日帰り入浴が可能な温泉施設は約400カ所、共同浴場も154カ所を数える。その他、特殊な砂湯、湯けむりが立ち上る鉄輪温泉の地獄や蒸し湯もある。

『豊後国風土記』によると、古代の鉄輪温泉には河直山（かわなお）の東に熱湯の湧く「玖倍理湯（くべりゆ）の井」があり、これは現在の本坊主地獄、鬼山地獄、または「熱の湯」であろうと推測されている。鎌倉時代の1276（建治２）年、時宗の開基一遍上人が泥まじりの熱湯を噴き上げる鉄輪の地熱地帯を鎮めるために祈願をし、蒸し湯、熱の湯、渋の湯を開いた。蒸し湯の浴法は仏教の教えに倣い、薬師如来を中央にして16人が石枕を並べ、石菖を敷いた石室に横たわって念仏を唱えた。この蒸し湯は鉄輪温泉のシンボル的存在であり、９月下旬には一遍上人の木像を湯に浸ける「湯浴み祭り」が行われる。

17世紀後半、別府地域の大部分は幕府直轄領となり、月１回１戸につき20日間の湯治が許された。また入湯船での来訪は１町村１隻で50人ほどの湯治客が入湯したので、浜脇温泉は賑わった。1692（元禄７）年の貝原益軒の『豊国紀行』には、「別府は石垣村の南に有。町にて民家五百軒斗、

民家の宅中に温泉十所有。何れもきよし。……町半に川有。東へ流る。此川にも温泉湧出。其下流に朝夕、里の男女浴す。又海中にも温泉いづ。潮干ぬれば浴するもの多し。潮湯なれば殊によく病を治すという。」と紹介された。19世紀初頭の文化年間、別府には温泉利用権の湯株を有する22戸の宿屋があり、1817（文化14）年の温泉番付では、浜脇が西前頭3枚目、別府が同6枚目であった。

別府温泉郷の発展が本格化したのは、明治時代に上総掘りによる温泉掘削が容易になり、北九州からの客や、別府港の開設に伴って瀬戸内海航路を経由する関西方面からの客が増えたからであり、1924（大正13）年に市制を施行した。日本初のバスガイドによる「地獄めぐり」バスが定期運行され、市街地の区画整理も実施されて大温泉観光都市へと発展した。大正期から昭和初期にかけて、入湯貸間が増えて延べ宿泊客数は毎年7万～12万人を数えた。多くは福岡や北九州、山陽、北四国などからの湯治客であり、冬から春にかけての寒湯治が盛んであった。大正時代以降、先頭に立って別府温泉郷を広く紹介したのは油屋熊八であり、別府温泉が日本最大の温泉観光都市に発展する基礎をつくった。熊八は四国宇和島の米問屋に生まれ、大阪やアメリカでの事業の後、1910（明治43）年に別府温泉で亀の井旅館を開業した。私財を投じて別府温泉の宣伝に尽力し、自ら「別府の民衆外務大臣」の名刺を持ち歩き、1925（大正14）年には、富士山の山頂に「山は富士、海は瀬戸内、湯は別府」の標識を立てた。1927（昭和2）年には、25人乗り自動車で鉄輪温泉の地獄群を巡るコースを案内し、翌年に日本初の女性ガイドによる観光案内を始めたことは特筆される。また、新日本八景選定に際して、各方面に手を尽くして別府を温泉の部で日本一に導くなど、その功績ははかり知れない。

第2次世界大戦後、1964（昭和39）年に九州横断道路が開通して交通環境が変わり、5年後には観光旅館が70軒に達し、入湯貸間は50軒を数えた。鉄輪は地獄地帯にあって保養客の散策によく、噴気を利用した地獄蒸し料理を味わい、無料の市営共同浴場にも浸かれる。蒸し湯や永福寺を中心とした町並みは湯治場の情緒が漂い、入湯貸間制度があって低料金で泊まれる。近年では「湯けむり散歩」の地域案内をし、週末の湯けむりのライトアップ、湯煙展望台の開設、蒸し湯の改築など、鉄輪温泉の地域活性化への取り組みが進んだ。湯けむりはNHKの「21世紀に残したい日本の風景」の投票で、全国第２位にランクされた。

別府温泉郷は福岡、北九州、広島などの百万都市に近く、鉄道、高速道路、航路、航空などの利便性は高い。高度経済成長期には、団体客が約70％を占め、男性客が多かったが、現在では家族や小グループの客が中心で、女性客が多い。韓国、台湾、中国や欧米からの外国人観光客も増えているが、宿泊客が温泉町に散策に出ることが少なくなった。温泉地域の空洞化が進むなかで、旅館業者や市民がその歴史的意義を再発見する活動を起こした。地獄めぐりに依存するだけではなく、地元民が和風共同浴場としての価値が高い街中の竹瓦温泉をアピールし、その周辺の路地裏を観光客に案内するようになった。別府八湯の一つ明礬温泉でも、地熱地帯に湯花小屋が建ち並ぶ景観が観光客を引き付けている。主な行事として別府八湯温泉まつり（４月１～５日）があり、扇山火祭り、神輿の祭典、湯かけまつり、市営温泉の無料開放などで賑わう。

交通：JR 日豊本線別府駅

②湯布院（ゆふいん）（由布院・湯平）

65万人、29位
国民保養温泉地
単純温泉

県中央部、別府温泉郷に隣接する由布院温泉は、美しい山容の由布岳を背景に、のどかな田園が広がる由布院盆地に位置している。四方は標高1,000m を超える山地からなり、気温が低い時期には朝霧に包まれる幻想的な風景がみられる。源泉は全国第２位の860を数え、湯量も毎分４万4,000 ℓ で全国３位である。盆地を囲む山々のほとんどが新生代第四紀の安山岩で形成されており、湧出する温泉は単純温泉である。

由布院には、落ち着いた雰囲気が漂う和風旅館が多数分布している。JR 由布院駅と金鱗湖を結ぶ一帯には、温泉宿や小さな美術館が点在し、しゃれた都会風の商店が軒を連ねる賑やかな通りも形成された。音楽祭や映画祭など多彩なイベントが１年を通して開催され、日本を代表する人気の温泉地となった。また、由布院の南15km には、江戸時代から胃腸病によいといわれ、湯治場としての古い歴史を有する塩化物泉の湯平温泉がある。狭い石畳の両側には和風旅館が軒を連ね、落ち着いた風情を今に留めている。

大正末期、別府温泉発展の功労者である油屋熊八が金鱗湖畔に別荘を建てた。彼は別府に創業した「亀の井ホテル」の客や著名人を招いたが、その後、「亀の井別荘」として開業した。同じ頃、「公園の父」とよばれている林学者本多静六は、由布院温泉について、自然を取り入れた静かな温泉地の適地と称賛した。第２次世界大戦後、1959（昭和34）年に湯平とともに国民保養温泉地に指定され、1970（昭和45）年にゴルフ場建設が表面化した際には、自然保護の観点から中止に追い込んだ。その後も開発の波に対して、住民たちも当時の町長や青年リーダーのもとで由布院の将来について主体的に考え始めた。そして、ドイツのバーデン・ワイラー温泉をモデルとしたクアオルト（温泉保養地）に学び、1981（昭和56）年には国民保健温泉地の指定も受けた。また、町民手づくりの音楽祭や映画祭を実施し、絶叫大会などユニークなイベントも行った。その結果今日では、由布岳を背景とした田園風景と点在する旅館が調和する保養温泉地が形成され、女性を中心として幅広い人気を博している。JR 九州は博多駅から特急「ゆふいんの森」号を運行して人気を集め、週末は予約が困難なほどになった。

由布院温泉は、単純温泉で温泉湧出量は毎分４万1,000 ℓ 、源泉の数は814本でともに別府温泉郷に次いで全国第２位である。また、共同浴場は14カ所あり、江戸時代から続いているものもある。特に、金鱗湖の脇にある素朴な共同浴場は人気がある。由布院温泉には2012（平成24）年現在で96軒の宿泊施設があり、年間延べ宿泊者数は10年前の約100万人から70万人弱に減少している。1990（平成２）年には、入浴や水着での健康浴が楽しめ、ドイツ式の温泉療法が体験できる公営の「ゆふいん健康温泉館（クアージュゆふいん）」が開業した。「潤いのあるまちづくり条例」によって、保養向けの落ち着いた雰囲気を保つように心がけ、小規模な美術館や各種の展示館が点在している。景観維持のために建物の規模や高さなども規制した。駅前から金鱗湖に至る道路沿いには、キャラクターグッズ店や土産物店が立ち並び、特に湯坪通りには外来者が経営する小規模な店舗がひしめき、休日になると大勢の観光客が往来して混雑する。

一方、由布院とともに環境省指定の湯布院国民保養温泉地である湯平温泉は、飲泉をする滞在型の湯治場として知られる。近くの棚田は小規模ではあるが見事である。

交通：JR 日豊本線別府駅、バス50分、または JR 日豊本線大分駅経由久大本線

で由布院・湯平下車

③長湯（ながゆ）

国民保養温泉地
二酸化炭素泉

県南部、九州中央部の久住山麓の標高450 mの芹川に沿って、ユニークな地域おこしで知られる長湯温泉がある。そこでは、この日本一の炭酸泉（旧泉質名）の温泉地とドイツの温泉地とが交流し、歴史と文化を踏まえた地域社会を巻き込んだ振興策が推進された。国民保養温泉地に指定された1978（昭和53）年当時は、交通不便な山間の小温泉地であったが、九州横断道路「やまなみハイウェイ」沿いの久重高原とも一体化して周遊ルートに組み込まれると、別府から湯布院町を経由して約1時間半で到達できるため、車で訪れる観光客が増加した。温泉は日本では数少ない二酸化炭素泉であり、61源泉の湯量は毎分4,300 ℓにもなる。

長湯は『豊後国風土記』にも記載された古い温泉地である。岡藩主中川氏の温泉保護政策のもとに、1781（安永10）年には新湯の御前湯が建設された。その復興を願って1998（平成10）年に温泉療養文化館「御前湯」が再建された。炭酸水素塩泉（炭酸泉）が契機となったドイツとの文化交流も先進的であり、文学碑めぐりも滞在客には楽しみである。明治中期の絵図には、多くの浴場と川岸の旅館が描かれていた。大正から昭和初期には、別府温泉を訪れた田山花袋、北原白秋、与謝野鉄幹と晶子夫妻や野口雨情などの文士を招くことで、この温泉地を世に知らしめた。この頃、別府にある九州大学温泉治療学研究所の松尾武幸教授が長湯温泉の研究を行い、心臓病、胃腸病、リウマチなどに効能があることを明らかにし、「飲んで効き、長湯して利く長湯のお湯は、心臓胃腸に血の薬」と讃えた。長湯温泉協会を設立した御沓重徳は、宣伝用パンフレットに「東方日本の長湯温泉、西方ドイツのカルルスバード」と記し、自ら経営する旅館の敷地内に松尾教授の指導を得て、ドイツ風洋館共同浴場「御幸湯」を建設した。第2次世界大戦後、高度経済成長期の1969（昭和44）年においても旅館数15軒、年間延べ宿泊客数は3万6,000人であった。

この小さな山の湯が活性化された契機は、1985（昭和60）年に町役場に舞い込んだ一通の手紙であった。入浴剤を研究していた花王株式会社が長湯温泉の採取を照会し、その試験の結果、長湯の温泉が「炭酸泉日本一」であることが明らかにされた。ここに地域活性化の気運が高まり、「ふるさと創生１億円事業」とも重なって数々の地域振興策が練られた。その中心は地元旅館主で町職員の首藤勝次氏であった。全国炭酸泉シンポジウムに始まり、町長を団長とするドイツ温泉地表敬訪問団が炭酸泉世界一のクロチンゲン温泉と友好親善都市の関係を結び、ふるさと創生事業では、毎年若手の町民３名を研修生としてヨーロッパの温泉地に派遣した。ワインのブランド化やドイツ村が生まれ、有名な河原の露天風呂のカニ湯をはじめ、洋風飲泉場や共同浴場が新設された。周辺の農家を取り込んだ市場の新設で農家収入を増加させ、歴史を踏まえて再建した日帰り温泉施設の「御前湯」では、館内にレストランを設けず、食事は町内の飲食店からの出前によるものにして、地域との共生を図った。

交通：JR 豊肥本線豊後竹田駅、バス45分

④日田(ひた)　単純温泉

県中西部、筑後川上流の三隅川の清流に沿って旅館が並んでおり、1954（昭和29）年に温泉掘削がなされて温泉旅館となった。５月中旬～10月末頃までに200年もの歴史を有する鵜飼が行われ、屋形船が浮かぶ水郷情緒のある温泉地である。近世中期には、天領として代官所が置かれ、落ち着いた豆田町の町屋が今に残されており、2004（平成16）年に国の重要伝統的建造物群保存地区に指定された。儒学者の広瀬淡窓の資料館、天領日田資料館などもあり、この町並みをガイドするボランティアもいる。一帯は日田杉の産地で緑に覆われており、また近くには文化財として価値の高い小鹿田(おんた)焼きの産地や見事な棚田があり、訪ねるとよい。

交通：JR 九大本線日田駅

⑤天ヶ瀬(あまがせ)　硫黄泉

県中西部、筑後川上流の玖珠川河岸にある温泉地である。豊富な温泉に支えられて渓谷沿いに旅館や各種の観光業が集まり、県北西部の有力な観光温泉地となっている。60℃以上の高温の源泉が60カ所もあり、毎分湧出量は自噴2,000ℓ、動力4,000ℓにもなる。明治初期には、温泉は地下からの汲み上げと水車で竹筧に引湯するものがあった。1934（昭和９）年に久大本線が開通し、２年後には日田彦山線も通じて、福岡、北九州との交通が容易になった。第２次世界大戦後には、観光ブームで歓楽温泉地とし

て発展し、高度経済成長期には河岸の一角には数多くの飲食店が立地した。春と秋の観光シーズンには中四国からの観光客も増えるが、そのなかで福岡県からの来訪者は半数を超えていた。近くには行基菩薩ゆかりの高塚地蔵尊があり、多数の信者が集まっているので、豊かな温泉資源を活かして川原の5カ所の露天風呂での入浴をセットにした誘致策も考えられる。

交通：JR久大本線天ヶ瀬駅

⑥筋湯（すじゆ）　単純温泉

県中西部、日本一の打たせ湯といわれる共同浴場で知られる温泉地であり、九重高原の一角を占める標高1,000mの高地にある。玖珠川の源流部の千歳川に沿って、多くの旅館が並んでいる。その中心に「うたせ大浴場」があり、十数条の湯滝が落ちる下で腰や肩などを癒す人々が数多い。この温泉は、九州電力による九重地熱発電所計画が打ち出された際、温泉源の枯渇を危惧する地域住民と開発側との話し合いがなされたが、その結果、発電による余剰温泉を利用することで解決され、今日に至っている。和風旅館が集まっている落ち着いた温泉場の雰囲気は保たれており、各所に露天風呂や共同湯があり、温泉保養に最適である。

交通：JR久大本線豊後中村駅、バス40分

⑦寒の地獄（かんのじごく）　硫黄泉

県中西部、九重高原の一角に「寒の地獄」というユニークな温泉地があり、泉温14℃ほどの低温の湯に入って湯治をする習慣が引き継がれ、今日に至っている。日本の温泉法では、地下から湧き出た水が25℃以上か、または成分が規定以上であれば温泉と認めているので、硫黄泉の成分をクリアしている寒の地獄は法的に温泉である。実際に入浴すると冷たいが、患者はじっと我慢をしており、指定の時間となったら浴槽から飛び出てストーブにあたる光景がみられた。現在は一般の観光客用の施設が整備されており、観光や登山の客も多い。

交通：JR久大本線豊後中村駅、バス45分

⑧長者原（ちょうじゃばる）　硫黄泉

県中西部、別府と阿蘇を結ぶ観光道路「やまなみハイウェイ」は九重山

麓の草原を通り阿蘇へと延びる。九州の屋根の1,791mの中岳を最高峰に久住山、星生山、三俣山、大船山などの火山群が連なり、東麓の九重町には登山口の長者原温泉、石櫃の貸切風呂がある宝泉寺温泉など多くの温泉地が点在し、「九重九湯」の愛称で観光客に親しまれてきた。2006（平成18）年に完成した日本一長い吊橋「九重“夢”大吊橋」の人気にあやかり、新たな名称を公募し、「九重“夢”温泉郷」と命名して広報に努めた。

交通：JR 久大本線豊後中村駅、バス50分

執筆者／出典一覧

※参考参照文献は紙面の都合上割愛
しましたので各出典をご覧ください

I　歴史の文化編

【遺　跡】　**石神裕之**　（京都芸術大学歴史遺産学科教授）『47都道府県・遺跡百科』(2018)

【国宝／重要文化財】　**森本和男**　（歴史家）『47都道府県・国宝／重要文化財百科』(2018)

【城　郭】　**西ヶ谷恭弘**　（日本城郭史学会代表）『47都道府県・城郭百科』(2022)

【戦国大名】　**森岡 浩**　（姓氏研究家）『47都道府県・戦国大名百科』(2023)

【名門／名家】　**森岡 浩**　（姓氏研究家）『47都道府県・名門／名家百科』(2020)

【博物館】　**草刈清人**　（ミュージアム・フリーター）・**可児光生**　（美濃加茂市民ミュージアム館長）・**坂本 昇**　（伊丹市昆虫館館長）・**髙田浩二**　（元海の中道海洋生態科学館館長）『47都道府県・博物館百科』(2022)

【名　字】　**森岡 浩**　（姓氏研究家）『47都道府県・名字百科』(2019)

II　食の文化編

【米／雑穀】　**井上 繁**　（日本経済新聞社社友）『47都道府県・米／雑穀百科』(2017)

【こなもの】　**成瀬宇平**　（鎌倉女子大学名誉教授）『47都道府県・こなもの食文化百科』(2012)

【くだもの】　**井上 繁**　（日本経済新聞社社友）『47都道府県・くだもの百科』(2017)

【魚　食】　**成瀬宇平**　（鎌倉女子大学名誉教授）『47都道府県・魚食文化百科』(2011)

【肉　食】　**成瀬宇平**　（鎌倉女子大学名誉教授）・**横山次郎**　（日本農産工業株式会社）『47都道府県・肉食文化百科』(2015)

【地　鶏】　**成瀬宇平**　（鎌倉女子大学名誉教授）・**横山次郎**　（日本農産工業株式会社）『47都道府県・地鶏百科』(2014)

【汁　物】　**野﨑洋光**　（元「分とく山」総料理長）・**成瀬宇平**　（鎌倉女子大学名誉教授）『47都道府県・汁物百科』(2015)

【伝統調味料】　**成瀬宇平**　（鎌倉女子大学名誉教授）『47都道府県・伝統調味料百科』(2013)

【発　酵】　**北本勝ひこ**　（日本薬科大学特任教授）『47都道府県・発酵文化百科』(2021)

【和菓子 / 郷土菓子】 **亀井千歩子** (日本地域文化研究所代表)『47都道府県・和菓子 / 郷土菓子百科』(2016)

【乾物 / 干物】 **星名桂治** (日本かんぶつ協会シニアアドバイザー)『47都道府県・乾物 / 干物百科』(2017)

Ⅲ 営みの文化編

【伝統行事】 **神崎宣武** (民俗学者)『47都道府県・伝統行事百科』(2012)

【寺社信仰】 **中山和久** (人間総合科学大学人間科学部教授)『47都道府県・寺社信仰百科』(2017)

【伝統工芸】 **関根由子・指田京子・佐々木千雅子** (和くらし・くらぶ)『47都道府県・伝統工芸百科』(2021)

【民　話】 **田畑博子** (元中国曲阜師範大学翻訳学院日本語教師) / 花部英雄・小堀光夫編『47都道府県・民話百科』(2019)

【妖怪伝承】 **山﨑潤也** (豊妖組合代表) / 飯倉義之・香川雅信編、常光徹・小松和彦監修『47都道府県・妖怪伝承百科』(2017) イラスト © 東雲騎人

【高校野球】 **森岡 浩** (姓氏研究家)『47都道府県・高校野球百科』(2021)

【やきもの】 **神崎宣武** (民俗学者)『47都道府県・やきもの百科』(2021)

Ⅳ 風景の文化編

【地名由来】 **谷川彰英** (筑波大学名誉教授)『47都道府県・地名由来百科』(2015)

【商店街】 **中山昭則** (別府大学国際経営学部教授) / 正木久仁・杉山伸一編著『47都道府県・商店街百科』(2019)

【花風景】 **西田正憲** (奈良県立大学名誉教授)・**上杉哲郎** (㈱日比谷アメニス取締役・環境緑花研究室長)・**佐山 浩** (関西学院大学総合政策学部教授)・**渋谷晃太郎** (岩手県立大学総合政策学部教授)・**水谷知生** (奈良県立大学地域創造学部教授)『47都道府県・花風景百科』(2019)

【公園 / 庭園】 **西田正憲** (奈良県立大学名誉教授)・**飛田範夫** (庭園史研究家)・**黒田乃生** (筑波大学芸術系教授)・**井原 縁** (奈良県立大学地域創造学部教授)『47都道府県・公園 / 庭園百科』(2017)

【温　泉】 **山村順次** (元城西国際大学観光学部教授)『47都道府県・温泉百科』(2015)

索　引

あ 行

か 行

さ 行

た 行

な 行

は 行

ま 行

や 行

ら 行

わ 行

47都道府県ご当地文化百科・大分県

令和 6 年 11 月 30 日　発　行

編　者　丸　善　出　版

発行者　池　田　和　博

発行所　丸善出版株式会社

〒101-0051 東京都千代田区神田神保町二丁目17番
編集：電話（03）3512-3264／FAX（03）3512-3272
営業：電話（03）3512-3256／FAX（03）3512-3270
https://www.maruzen-publishing.co.jp

組版印刷・富士美術印刷株式会社／製本・株式会社 松岳社

ISBN 978-4-621-30967-4　C 0525　Printed in Japan